南朝陵墓雕刻艺术

CARVED STONE ART IN SOUTHERN DYNASTY TOMBS

文物出版社

主　　编：徐湖平

副 主 编：庞　鸥　万新华

责任编辑：李　诤

特约编辑：倪　明　谷建祥　庄天明
　　　　　王　引　邵　磊

摄　　影：徐湖平　倪　明
　　　　　陆　判　海　啸

统　　筹：南京博物院民族民俗研究所

图书在版编目（CIP）数据

南京陵墓雕刻艺术／南京博物院编著　徐湖平主编

北京：文物出版社，2006.10

ISBN 7-5010-2022-1

Ⅰ.南… Ⅱ.①南…②徐… Ⅲ.陵墓-雕刻-美术考古-南京市-南朝时代 Ⅳ.K879.3

中国版本图书馆CIP数据核字（2006）第122442号

南 京 陵 墓 雕 刻 艺 术

南京博物院编著　徐湖平主编

文物出版社出版发行

（北京东直门内北小街2号楼）

http://www.wenwu.com

E-mail:web@wenwu.com

万户精艺印刷有限公司印刷

新 华 书 店 经 销

889×1194　　1/16　　印张：24

2006年11月第1版　　2006年11月第1次印刷

ISBN 7-5010-2022-1/K·1080　　定价：280.00元

南朝陵墓雕刻艺术

CARVED STONE ART IN SOUTHERN DYNASTY TOMBS

文物出版社

出版说明

出版主旨：

图文并茂和以图为主的书刊，是近年来出版物的趋向，这样的趋向甚至连学术界也不能例外，而且还有继续得到强化的趋势。围绕着主题内容的图、文结合，也成了当今学术界从事科学研究所采用的一种重要的写作方式，其直观的效果胜于单独的文字描述。它使所反映的各类形象得以充分、逼真的还原，同时使读者在阅读的同时，得到艺术的享受和文化的陶冶，因而备受欢迎。

有感于此，为了加强对南朝陵墓神道雕刻艺术性研究，并对20世纪以来海内外南朝陵墓神道雕刻研究成果进行回顾、总结与省思，南京博物院编辑、出版《南朝陵墓雕刻艺术》，力求以最美、最精、最典型的艺术图片，将南朝陵墓神道雕刻艺术展示给读者。相信，图典的出版对南朝雕塑艺术研究具有相当的促进作用。

体例：

《南朝陵墓雕刻艺术》分为上编与下编两大部分，上编为图片，下编为文字。

图片结合了以往的历史资料和最新的调研资料，以时间先后为序，通过图像学比对的方法，以立体展示的方式，全方位展现南朝陵墓雕刻的艺术成就。每一处陵墓神道雕刻图片的编排基本按照：先黑白历史图片后彩色新近调查图片的顺序。黑白历史图片以年代先后为序；彩色新近调查图片在以年代先后为序的前提下再以神道由入口向里，先石兽，后石柱，再石碑的排列为序，逐一展示。我们在编排时对现有图片不做电脑后期的美化处理，力图还原石刻的真实面貌，并且对石刻周围的环境也如实的展现，通过时间的推移，揭示出南朝陵墓雕刻的历史变迁，使人们在欣赏悠久的文化艺术之时进一步增强文物保护意识，加强历史的责任感。

文字分为图片介绍说明和研究论文两个方面。每个陵墓前设有一般的介绍性文字，而每幅历史图片附简洁文字，一般采用原书固有之文字，对其出处情况作了说明，也对原书的一些失误做了必要的修正。论文部分在图片部分之后，收录了《天禄辟邪考》、《虚幻的真实——梁代石辟邪写生》、《试论南朝陵墓雕刻艺术的风格嬗变——以石兽为中心》、《近百年来南朝陵墓神道雕刻研究综述》、《南朝陵墓雕刻保护之我见》，以及《南朝陵墓神道雕刻研究文献索引》等内容。

涉及书目：

本书采用的历史图像资料，出自以下书籍，并在行文中做了相应的说明。读者可参照其出版的年份，根据图像可了解当时的历史环境。为了简洁，相关的说明只标出了书名、序号，特此说明。

（1）张璜（法）:《梁代陵墓考》，上海土山湾印书局，1930年6月。

（2）朱希祖、滕固:《六朝陵墓调查报告》，中央古物保管委员会，1935年8月。

（3）朱偰:《金陵古迹名胜影集》，商务印书馆，1936年7月。

（4）姚迁、古兵:《六朝艺术》，文物出版社，1981年5月。

（5）林树中:《南朝陵墓雕刻》，人民美术出版社，1984年3月。

（6）林树中主编:《中国美术全集·雕塑编（3）》，人民美术出版社，1988年6月。

（7）苏则民主编:《南京古今雕刻》，南京出版社，1992年7月。

（6）日本奈良县立橿原考古学研究所:《南朝石刻》，橿原考古学协会，2002年5月。

序　言

在中国历史长河中，六朝上承秦汉，下启隋唐，继承发展了秦汉文化，并对外来文化进行了吸纳、融合与创新，由此孕育了空前繁荣昌盛的隋唐文化，可以说在我国文化史上独具意义。

论及六朝文化，南京拥有最为杰出、最为辉煌的历史地位。作为六朝京畿，从20世纪20年代开始，古都浓厚的文化底蕴就引起了中外学者强烈的关注和极大的探索热情。南京周围存留许多当时的文物古迹，南朝陵墓神道雕刻便是人们寻访六朝文明的重要遗迹。南朝陵墓石刻名闻中外，是六朝文化中最富代表性、最具艺术价值的一部分，她与北方佛教石刻堪称南箕北斗，遥相辉映，不仅在中国雕塑史上占有举足轻重的地位，也是世界雕塑艺术史上的闪光点，它作为汉唐之间的一个重要过渡，它的存在对于研究我国雕塑艺术的发展和演变具有极为重要的价值。

这些列置于陵墓前的石刻形体硕大、气势恢宏，雕琢精湛，古朴灵动，是当时匠师创作的无与伦比的辉煌杰作，更是今天我们了解南朝时期南方石雕艺术高度发展水平的艺术珍品。从这些跨越了1500年风雨的石雕身上，我们得以领悟到南朝时期思想的解放和人性的张扬，以及智慧、想象力和创造力的充分发挥。彰显无言历史，诉说岁月沧桑，这些石刻带给我们无可替代的历史厚重感和美感。

然而，屹立在乡野农田中，经过千年风吹雨淋的自然破坏，南朝陵墓石刻已经风蚀严重，大部分石刻残缺不全。伴随着工业化进程的加快，这些辉煌的艺术经典正面临着自然与人为的双重破坏，尤其是环境的破坏，已使石刻的时代氛围丧失殆尽。南京市政府及文物局，对这批南朝陵墓石雕也十分重视，曾对其进行过保护，并组织专家学者对石雕的保护进行过研究讨论。而且早在20多年前，一些有识的专家就关于南朝陵墓石雕的保护提出过各种建议，然而，始终没有任何的结果，保护的事也在等待中不了了之。短短几十年的时间，石刻所遭受到的破坏远甚于此前一千多年的总和。我深恐这些珍贵的遗迹从此沦亡湮没，使后来的研究者无从考求。所以，怀一腔热血衷肠、倾一份使命职责，自2004年末至2006年春，我们足迹遍及南京周边及丹阳、句容等地，对南朝陵墓雕刻进行了逐一的现场调查，有些精美石刻的现状可谓触目惊心。我们将其摄为图片，汇前人研究成果，辑为图典，以保留历史遗迹于万一，也想借此大声呼吁：保护南朝石刻，刻不容缓！

但愿这些凋零偃仆于荒野中的雄硕石雕，这些被现代工业文明禁锢的精致石雕，这些集古典的精致与东方神韵于一身的石雕，不仅存在于人们的记忆中，还永远地存在于我们的现实审美中。

是为序。

徐湖平

2006 年 5 月 24 日

下　编

上編

宋　武帝刘裕初宁陵神道石刻

　　位于南京市江宁区麒麟镇麒麟铺。陵南向，已平。陵前石刻存石兽一对，二兽之间原距54.5米，1956年9月维修时移动，现相距23.4米，方向未变。东兽头已残，双角已失，1956年整修时，于四足部位各置一方形石墩，修复后身长2.96米，身高2.9米（连石墩），径高（自头至脊，下同）1.35米，体围3.13米，目瞪口张，昂首突胸，有须，双翼前作鳞羽、后为长翎，通体絺絟，卷曲如勾云纹；足五爪。西兽四足已失，身长3.18米，高2.78米，体围3.21米，体态与东兽对称，头略后仰。独角角尖已损，额部已残，尾巴无存。

　　刘裕（363—422），字德舆，小字寄奴，祖籍彭城（今徐州），东晋时迁居京口（今镇江）。家贫，少年时以贩履、耕种、捕鱼为业。初为北府兵将领，从刘牢之镇压孙恩起兵。安帝义熙元年（405），击败桓玄，任侍中、车骑将军，都督诸军事，执朝政。出兵灭南燕，回师击破卢循、徐道覆，继又剪除刘毅，西攻谯纵，收巴蜀。又出兵关中，灭后秦。官至相国，封宋王。恭帝元熙二年（420），代晋称帝，国号宋，改元永初。为政崇尚俭约，严禁世家大族隐匿户口田地，实行"庚戌土断"，集权中央。谥武，庙号高祖。

宋武帝刘裕初宁陵

东侧麒麟

古物保管委员会　摄

20世纪30年代初

《六朝陵墓调查报告》图版1

宋武帝刘裕初宁陵

东侧麒麟

朱偰　摄

20世纪30年代初

《六朝陵墓调查报告》图版2

宋武帝刘裕初宁陵

西侧麒麟

郭群 摄

1981 年

《六朝艺术》图版 1

宋武帝刘裕初宁陵

东侧麒麟

郭群 摄

1981 年

《六朝艺术》图版 2

宋武帝刘裕初宁陵

东侧麒麟

高礼双　摄

20世纪80年代后期

《中国美术全集·雕塑编（3）》图版36

宋武帝刘裕初宁陵

上图：西侧麒麟

20 世纪 90 年代　摄

邵磊　供稿

宋武帝刘裕初宁陵

东侧麒麟

20 世纪 90 年代　摄

邵磊　供稿

宋武帝刘裕初宁陵

东侧麒麟

2006年4月 摄

宋武帝刘裕初宁陵

上图：东侧麒麟　后部

2006 年 4 月　摄

宋武帝刘裕初宁陵

下左图：东侧麒麟

2006 年 4 月　摄

宋武帝刘裕初宁陵

下右图：东侧麒麟　胡须

2006 年 4 月　摄

宋武帝刘裕初宁陵

西侧麒麟

2006 年 4 月　摄

宋武帝刘裕初宁陵

左上图：西侧麒麟　头部

2006 年 4 月　摄

宋武帝刘裕初宁陵

左下图：西侧麒麟　翼部

2006 年 4 月　摄

宋武帝刘裕初宁陵

右上图：西侧麒麟　后部

2006 年 4 月　摄

宋武帝刘裕初宁陵

右下图：西侧麒麟　背部雕饰

2006 年 4 月　摄

齐　宣帝萧承之永安陵神道石刻

位于江苏省丹阳市胡桥镇狮子湾，坐北朝南，陵冢无存。陵前存石兽一对，二兽之间相距26米。东兽雌性，身长2.95米，高2.75米，颈高1.4米，体围2.75米，昂首垂身，双角已残，颔下卷须垂于胸前。翼面前作卷云纹，中有细鳞，后为长翎。身上满布卷曲长毛，长尾曳地。足四爪，前足之下攫一小兽。西兽头已不存，体态与东兽大致相当。

萧承之（384—447），字嗣伯，南兰陵（今丹阳）人。齐高帝萧道成父。才力过人，为汉中太守，助萧思话平杨难当，以功加龙骧将军，出为南泰山太守，封晋兴县五等男。萧道成建立南齐后，建元元年（479）追尊为宣皇帝，葬永安陵。

齐宣帝萧承之永安陵
全景
朱偰 摄
20世纪30年代初
《六朝陵墓调查报告》图版6

齐宣帝萧承之永安陵
东侧麒麟
朱偰 摄
20世纪30年代初
《六朝陵墓调查报告》图版4

齐宣帝萧承之永安陵

东侧麒麟

朱偰　摄

20世纪30年代初

《六朝陵墓调查报告》图版3

齐宣帝萧承之永安陵

东侧麒麟

朱偰　摄

20世纪30年代初

《六朝陵墓调查报告》图版5

齐宣帝萧承之永安陵
全景
2004 年 12 月　摄

齐宣帝萧承之永安陵

东侧麒麟

2004 年 12 月　摄

齐宣帝萧承之永安陵

东侧麒麟

2004 年 12 月　摄

齐宣帝萧承之永安陵
东侧麒麟
2006 年 8 月　摄

齐宣帝萧承之永安陵
东侧麒麟　后部
2004 年 12 月　摄

齐宣帝萧承之永安陵
东侧麒麟

齐宣帝萧承之永安陵

东侧麒麟　翼部

2006 年 8 月　摄

齐宣帝萧承之永安陵

东侧麒麟　尾部

2004 年 12 月　摄

齐宣帝萧承之永安陵

东侧麒麟　爪部

2004 年 12 月　摄

齐宣帝萧承之永安陵
西侧麒麟
2004 年 12 月　摄

齐宣帝萧承之永安陵
西侧麒麟
2004 年 12 月　摄

齐宣帝萧承之永安陵
西侧麒麟　爪部
2004 年 12 月　摄

齐　武帝萧赜景安陵神道石刻

位于江苏省丹阳市云阳镇田家村（原建山乡前艾庙），陵南向，已平。陵前有石兽一对，二兽之间相距68米。东兽双角，雄性，身长3.15米，高2.8米，颈高1.55米，体围3米，长颈细腰，胸部突出，全身作"S"形，造型、纹饰以及神情动态，与永安陵独角兽相仿。西兽独角，雄性，四足已失，身长2.7米，残高2.2米，颈高1.4米，体围2.51米，形体略小于东兽，风化剥蚀相当严重。

萧赜(440—493)，字宣远，小字龙儿，祖籍南兰陵，高帝萧道成长子。刘宋末，以父荫，封任侍中、南豫州刺史、江州刺史、中军大将军。萧齐初，立为皇太子，建元四年（482）即位后，以旧怨诛杀散骑常侍荀伯玉、五兵尚书垣崇祖、车骑将军张敬儿等。重视文学、教育，立国学，以王俭领国子祭酒。又修订张斐、杜预两家律注成书。崇信佛教，不喜游宴、雕绮之事，临终嘱丧礼从简，不得烦民。在位十一年，谥武，庙号世祖。

齐武帝萧赜景安陵

东侧麒麟

朱偰 摄

20 世纪 30 年代初

《六朝陵墓调查报告》图版 10

齐武帝萧赜景安陵

东侧麒麟

朱偰 摄

20 世纪 30 年代初

《六朝陵墓调查报告》图版 9

齐武帝萧赜景安陵

全景

2006 年 4 月　摄

齐武帝萧赜景安陵

东侧麒麟

2006 年 4 月　摄

齐武帝萧赜景安陵

东侧麒麟

2006 年 4 月　摄

齐武帝萧赜景安陵

东侧麒麟

2006年4月　摄

齐武帝萧赜景安陵

东侧麒麟

2004 年 12 月　摄

齐武帝萧赜景安陵

东侧麒麟　头部

2006 年 4 月　摄

齐武帝萧赜景安陵

东侧麒麟　臀部

2006 年 4 月　摄

齐武帝萧赜景安陵
西侧麒麟
2006 年 4 月　摄

齐武帝萧赜景安陵
西侧麒麟
2006 年 4 月　摄

齐　景帝萧道生修安陵神道石刻

位于江苏省丹阳市胡桥镇仙塘湾，陵南向，于1965年8月发掘，墓室有砖画。陵前石兽一对，均为雄性，二兽之间相距33.4米。东兽身长3米，高2.75米，颈高1.54米，体围2.52米，双角残断；西兽身长2.9米，高2.42米，颈高1.38米，体围2.4米，独角，满缀鳞纹。两兽胸突腰耸，瞠目张口，足趾四爪，蹯下均有小兽，长尾曳地，双翼雕有卷云纹、细鳞和长翎，并缀小花，颌下长须呈蔓草状。

萧道生，字孝伯，南兰陵人，高帝萧道成兄，明帝萧鸾父。仕宋为奉朝请，卒于宋世。建元初追封始安王，谥贞。建武元年（494）追尊为景皇帝，葬修安陵。

齐景帝萧道生修安陵

上图：全景
朱偰　摄
20 世纪 30 年代初
《六朝陵墓调查报告》图版 15

齐景帝萧道生修安陵

西侧麒麟
朱偰　摄
20 世纪 30 年代初
《六朝陵墓调查报告》图版 13

齐景帝萧道生修安陵
西侧麒麟
朱偰 摄
20世纪30年代初
《六朝陵墓调查报告》图版14

齐景帝萧道生修安陵
东侧麒麟
朱偰 摄
20世纪30年代初
《六朝陵墓调查报告》图版12

齐景帝萧道生修安陵

西侧麒麟

郭群　摄

1980 年

《六朝艺术》图版 19

齐景帝萧道生修安陵

东侧麒麟

郭群　摄

1980 年

《六朝艺术》图版 20

齐景帝萧道生修安陵

东侧麒麟

20世纪80年代初

邵磊　供稿

齐景帝萧道生修安陵

东侧麒麟

20世纪80年代初

邵磊　供稿

齐景帝萧道生修安陵

西侧麒麟

20 世纪 80 年代初

邵磊　供稿

齐景帝萧道生修安陵

西侧麒麟

20 世纪 80 年代初

邵磊　供稿

齐景帝萧道生修安陵

西侧麒麟

2006 年 4 月　摄

齐景帝萧道生修安陵

西侧麒麟　臀部雕饰

2006 年 4 月　摄

齐景帝萧道生修安陵

西侧麒麟　翼部

2006 年 4 月　摄

齐景帝萧道生修安陵

西侧麒麟　爪部

2005 年 1 月　摄

齐景帝萧道生修安陵

西侧麒麟　胯部

2005 年 1 月　摄

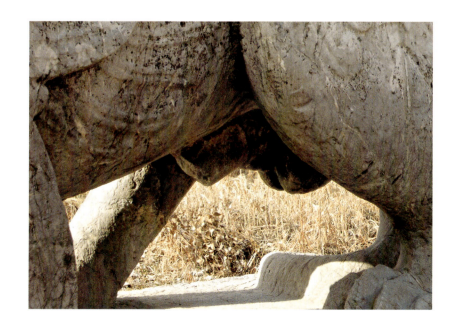

齐景帝萧道生修安陵
西侧麒麟
2006 年 4 月　摄

齐景帝萧道生修安陵
东侧麒麟
2006 年 4 月　摄

齐景帝萧道生修安陵

上图：东侧麒麟

2006 年 4 月　摄

齐景帝萧道生修安陵

东侧麒麟　翼部

2005 年 1 月　摄

齐景帝萧道生修安陵

东侧麒麟 臀部

2006 年 4 月 摄

齐景帝萧道生修安陵

东侧麒麟 头部

2006 年 4 月 摄

齐景帝萧道生修安陵

东侧麒麟 爪部

2006 年 4 月 摄

齐　烂石垅失名墓神道石刻

位于江苏省丹阳市后巷镇（原建山乡）烂石垅，一般认为是前废帝萧昭业陵墓。墓已平，存有石狮一对，二狮之间相距14米，南北相向对列，南狮已碎成数块，北狮尚存。北狮身长1.58米，高1.54米，颈高0.75米，体围1.7米。作蹲踞状。头上昂，张口吐舌，两肩有翼，方柱形尾巴向上翘举，附于背上。

萧昭业(473—494)，字元尚，小字法身，南兰陵人。武帝长孙、文惠太子萧长懋长子，祖籍南兰陵。初封南郡王，永明十一年（493）因父先死，被立为皇太孙。武帝死，即位后，生活奢糜，极意赏赐，未及一年，武帝聚敛之财挥霍殆尽。朝政大权由辅政大臣萧鸾控制。未几为萧鸾所杀，废为郁林王。在位不及一年。

齐烂石垅失名墓
北侧石狮
郭群 摄
1980年
《六朝艺术》图版133

齐烂石垅失名墓
北侧石狮
郭群 摄
1980年
《六朝艺术》图版135

齐烂石垅失名墓
北侧石狮
郭群 摄
1980年
《六朝艺术》图版134

齐烂石垅失名墓
南侧石狮
20 世纪 80 年代　摄
《南朝陵墓雕刻》图版 19

齐烂石垅失名墓
全景
2000 年 6 月　摄
《南朝石刻》第 19 页下图

齐烂石垅失名墓
上图：北侧石狮
2005 年 1 月　摄

齐烂石垅失名墓
北侧石狮周围环境
2005 年 1 月　摄

齐　水经山失名墓神道石刻

　　位于江苏省丹阳市埤城镇水经山，一般认为是后废帝萧昭文陵墓。墓已平，墓前有石狮二，南北相向对列，均为公兽。南狮身长1.85米，高1.45米，颈高0.65米，体围1.62米；北狮身长2米，高1.5l米，颈高0.73米，体围1.65米。两兽作蹼躞状，体长颈短，动势对称，双翼短小，身无纹饰，尾失，足四爪。

　　萧昭文(480—494)，字季尚，南兰陵人。郁林王萧昭业弟。永明四年(486)，封临汝公，永明十一年(493)，封新安王，曾任中军将军、扬州刺史等职。郁林王废，尚书令萧鸾奉立为帝，改元延兴。时萧鸾辅政，帝起居饮食，皆咨鸾而后行。在位仅四月，萧鸾以皇太后令废为海陵王，旋杀之。谥恭。

齐水经山失名墓

全景　偏东

朱偰　摄

20世纪30年代初

《六朝陵墓调查报告》图版75

齐水经山失名墓

全景　偏西

朱偰　摄

20世纪30年代初

《六朝陵墓调查报告》图版76

齐水经山失名墓

南侧石狮

朱偰　摄

20世纪30年代初

《六朝陵墓调查报告》图版74

齐水经山失名墓
南侧石狮
郭群　摄
1980 年
《六朝艺术》图版 139

齐水经山失名墓
北侧石狮
郭群　摄
1980 年
《六朝艺术》图版 136

齐水经山失名墓
全景
2000 年 6 月　摄
《南朝石刻》第 18 页上左图

齐水经山失名墓
北侧石狮
2000 年 6 月　摄
《南朝石刻》第 18 页上右图

齐水经山失名墓
南侧石狮
2000 年 6 月　摄
《南朝石刻》第 18 页下图

齐水经山失名墓
全景
2005 年 1 月　摄

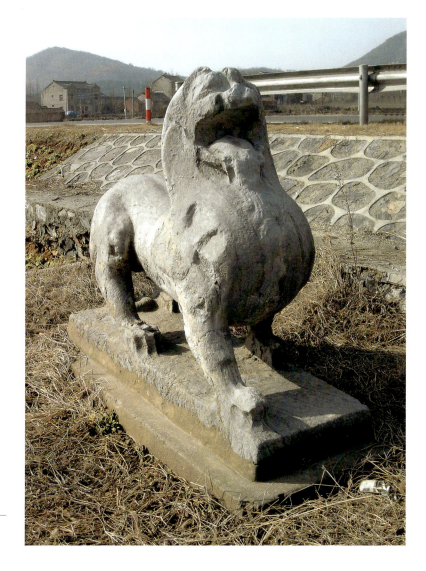

齐水经山失名墓
北侧石狮
2005 年 1 月　摄

齐水经山失名墓
上图：北侧石狮
2005 年 1 月　摄

齐水经山失名墓
北侧石狮
2005 年 1 月　摄

齐水经山失名墓

南侧石狮

2005 年 1 月　摄

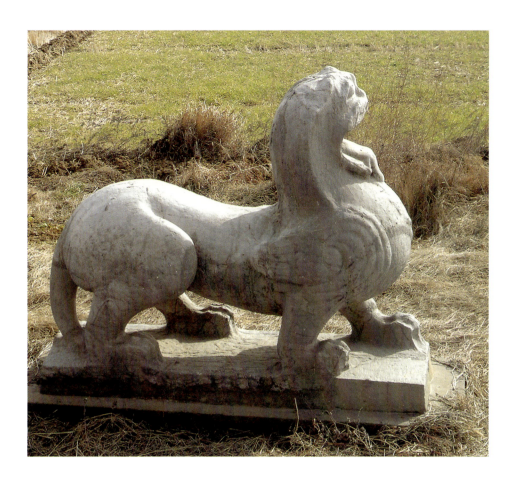

齐水经山失名墓

南侧石狮

2005 年 1 月　摄

齐　金王陈失名陵神道石刻

位于江苏省丹阳市后巷镇金王陈，旧说系齐废帝东昏侯萧宝卷陵墓，今日本京都大学教授曾布川宽定为齐明帝萧鸾兴安陵。本书采用此说。陵南向，于1968年发掘。神道存有石兽一对，均为雄性，二兽之间相距32米。东兽双角，身长2.38米，高2.25米，颈高1.2米，体围2米，头部已残，失去三足，风化严重；西兽独角，身长2.13米，高1.9米，颈高1.05米，体围1.65米，吻部及左后足已失。

萧鸾(452—498)，字景栖，小字玄度，祖籍南兰陵。高帝侄，萧道生子。少孤，高帝抚育，恩过诸子。刘宋末，任安吉令、淮南、宣城二郡太守。入齐，封西昌侯，任郢州刺史。齐武帝时，为侍中、尚书左仆射、右卫将军。受遗诏辅政，494年连续废杀郁林王、海陵王，自立为帝，改元建武。即位后，北魏屡侵犯，破齐于新野、南阳、义阳等地。性猜忌多虑，信道术，在位时，高帝、武帝子孙几被杀尽。在位五年。谥明，庙号高宗。

齐金王陈失名陵
东侧麒麟
郭群　摄
1980 年
《六朝艺术》图版 132

齐金王陈失名陵
西侧麒麟
郭群　摄
1980 年
《六朝艺术》图版 129

齐金王陈失名陵
东侧麒麟
20世纪80年代 摄
《南朝陵墓雕刻》图版16

齐金王陈失名陵
西侧麒麟
20世纪80年代 摄
《南朝陵墓雕刻》图版15

齐金王陈失名陵
西侧麒麟
20世纪80年代 摄
《南朝陵墓雕刻》图版14

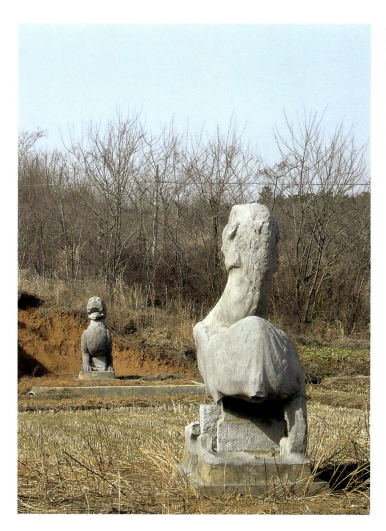

齐金王陈失名陵
东侧麒麟
2005 年 2 月　摄

齐金王陈失名陵
东侧麒麟
2005 年 2 月　摄

齐金王陈失名陵
东侧麒麟
2005 年 2 月　摄

齐金王陈失名陵

上图：西侧麒麟

2005 年 2 月　摄

齐金王陈失名陵

下左图：西侧麒麟

2005 年 2 月　摄

齐金王陈失名陵

下右图：西侧麒麟　翼部

2005 年 2 月　摄

梁　文帝萧顺之建陵神道石刻

位于江苏省丹阳市云阳镇（原荆林乡）三城巷。陵东向，已平。陵前存有石兽、方形石础、神道柱、石龟趺座各一对。石兽均为公兽。南兽独角已失，上颚亦残，四足尽失，身长3.05米，残高2米，颈高1.25米，体围2.7米。北兽双角亦失，身长3.1米，高2.32米，颈高1.5米，体围2.76米。二兽脊通贯首尾连珠纹，颔下长须蔓卷，垂至胸际；双翼微翘，翼面雕卷云纹、细鳞、长翎及五瓣小花。方形石础一对，位于石兽与神道柱之间，边缘有榫眼，础上结构已失。神道柱一对，柱础上圆下方，浮雕环状螭龙一对，口含珠，双角、四足、修尾；柱表作隐陷直刿棱纹，柱头有浮雕莲花纹圆盖，盖上圆雕小辟邪，盖下为长方形柱额，石额文字一为正书顺读，一为反书逆读，其文曰："太祖文皇帝之神道"。石龟趺座一对，碑无存，仅具龟趺。

萧顺之（444—494），梁武帝萧衍之父。南齐时，历官侍中、卫尉、太子詹事、领军将军、丹阳尹，封临湘县侯，赠镇北将军。天监元年（502），追尊为文皇帝，庙号太祖。

梁文帝萧顺之建陵
全景
20世纪20年代　摄
《梁代陵墓考》图版5

梁文帝萧顺之建陵
南侧石龟
20世纪20年代　摄
《梁代陵墓考》图版7

梁文帝萧顺之建陵
全景
朱偰　摄
20世纪30年代初
《六朝陵墓调查报告》图版22

梁文帝萧顺之建陵
北侧石柱
朱偰 摄
20 世纪 30 年代初
《六朝陵墓调查报告》图版 20

梁文帝萧顺之建陵
南侧石柱
朱偰 摄
20 世纪 30 年代初
《六朝陵墓调查报告》图版 19

梁文帝萧顺之建陵
北侧麒麟
朱偰 摄
20 世纪 30 年代初
《六朝陵墓调查报告》图版 18

梁文帝萧顺之建陵
南侧石柱
郭群　摄
1980 年
《六朝艺术》图版 36

梁文帝萧顺之建陵
右上图：北侧柱础　正面
郭群　摄
1980 年
《六朝艺术》图版 39

梁文帝萧顺之建陵
右下图：北侧柱础　侧面
郭群　摄
1980 年
《六朝艺术》图版 40

梁文帝萧顺之建陵

北侧麒麟
1993 年 11 月　摄
《南朝石刻》第 25 页下图

梁文帝萧顺之建陵

全景

2006年4月 摄

梁文帝萧顺之建陵

南侧石刻群　由外向里
2005 年 2 月　摄

梁文帝萧顺之建陵

南侧石刻群　由里向外
2005 年 2 月　摄

梁文帝萧顺之建陵
南侧麒麟
2006 年 4 月　摄

梁文帝萧顺之建陵

上图：南侧麒麟

2006 年 4 月　摄

梁文帝萧顺之建陵

下图：南侧麒麟

2005 年 2 月　摄

梁文帝萧顺之建陵

上图：北侧石刻群　由外向里

2006 年 4 月　摄

梁文帝萧顺之建陵

下图：北侧石刻群　由里向外

2006 年 4 月　摄

梁文帝萧顺之建陵
北侧麒麟
2006 年 4 月　摄

梁文帝萧顺之建陵

上左图：北侧麒麟　头部

2006年4月　摄

梁文帝萧顺之建陵

上右图：北侧麒麟　翼部

2006年4月　摄

梁文帝萧顺之建陵

北侧麒麟　胸部

2006年4月　摄

梁文帝萧顺之建陵
南侧石柱　正面
2006 年 4 月　摄

梁文帝萧顺之建陵
南侧石柱　侧面
2006 年 4 月　摄

　南朝陵墓雕刻艺术

梁文帝萧顺之建陵
上图：南侧石柱　碑额
2006年4月　摄

梁文帝萧顺之建陵
下图：南侧石柱　柱础
2006年4月　摄

梁文帝萧顺之建陵
北侧石柱
2006 年 4 月　摄

梁文帝萧顺之建陵
下图：北侧石柱　柱础
2006 年 4 月　摄

梁文帝萧顺之建陵

南侧石龟

2006年4月　摄

梁文帝萧顺之建陵

北侧石龟

2006年4月　摄

梁文帝萧顺之建陵

南侧台座基

2006 年 4 月　摄

梁文帝萧顺之建陵

北侧台座基

2006 年 4 月　摄

梁　桂阳简王萧融墓神道石刻

　　位于南京市栖霞区南京炼油厂子弟中学，墓已平，现存石兽2只、石柱残件（小兽子）1件。石兽东北、西南相对，东北侧石兽为雌性，长3.3米，高2.46米，颈高1.2米，体围3.94米。西南侧石兽为雄性，原已毁，现已修复，长3.84米，体围4.07米。两兽作前迈状，张口昂首，长舌垂胸，头有鬣毛；腹侧双翼，前部饰鱼鳞纹，后部饰5根翎毛；长尾曳地。

　　萧融（472—501），南兰陵人。武帝萧衍弟。齐时历任豫章王参军、鄱阳王行参、太子舍人、冠军镇军车骑三府参军、车骑江夏王主簿、太子洗马等职。齐永元三年（501），兄萧懿以功高被东昏侯萧宝卷毒杀，萧融亦遇害。梁武帝萧衍即位后，天监元年（502）追封散骑常侍、抚军大将军、桂阳郡王，谥简。

梁桂阳简王萧融墓
全景
朱偰 摄
20世纪30年代初
《六朝陵墓调查报告》图版78

梁桂阳简王萧融墓
东侧石狮
朱偰 摄
20世纪30年代初
《六朝陵墓调查报告》图版77

梁桂阳简王萧融墓
东侧石狮
郭群 摄
1980年
《六朝艺术》图版115

梁桂阳简王萧融墓

东侧石狮

20世纪80年代　摄

《南朝陵墓雕刻》图版82

梁桂阳简王萧融墓

东侧石狮

高礼双　摄

20世纪80年代末

《中国美术全集·雕塑编（3）》图版53

梁桂阳简王萧融墓

全景

2006 年 4 月　摄

梁桂阳简王萧融墓

上图：东侧石狮

2006 年 4 月　摄

梁桂阳简王萧融墓

小石狮

2006 年 4 月　摄

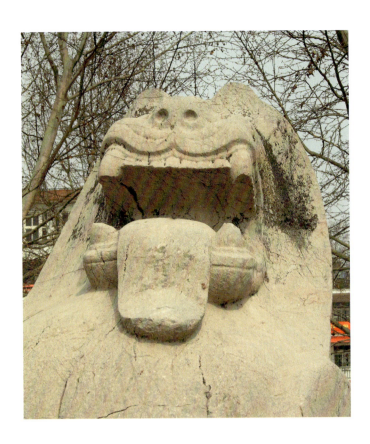

梁桂阳简王萧融墓

左上图：东侧石狮　头部

2006 年 4 月　摄

梁桂阳简王萧融墓

左下图：东侧石狮

2006 年 4 月　摄

梁桂阳简王萧融墓

右上图：东侧石狮　翼部

2006 年 4 月　摄

梁桂阳简王萧融墓

右下图：东侧石狮　腿部

2006 年 4 月　摄

梁桂阳简王萧融墓
西侧石狮
2006 年 4 月　摄

梁桂阳简王萧融墓

上图：西侧石狮

2006 年 4 月　摄

梁桂阳简王萧融墓

西侧石狮　后部

2006 年 4 月　摄

梁　安成康王萧秀墓神道石刻

位于南京市栖霞区甘家巷小学。墓南向，为1974年发掘。墓前石刻依次为：石兽二，前碑二，神道柱二、后碑二。石兽均为雄性。二兽之间相距18米。昂首，伸舌。头有鬣，翼作三翎。通体长毛卷曲如蔓。足五爪。东狮身长3.35米，高2.95米，颈高1.3米，体围3.6米。西狮身长3.07米，高3.02米，颈高1.45米，体围3.7米。前石碑二，西碑已失，仅存龟趺。东碑损左侧一角，高4.35米，宽1.4米，碑文已漫漶。下为龟趺座。神道石柱二，东柱已失，仅存西柱，西柱柱面作隐陷直剡棱纹，柱围2.12米，顶上圆盖及小兽脱落，柱上部饰绳索纹和交龙纹。后石碑二，保存尚完好。圭形，圆首，额有穿，碑首螭纹极华美。下为龟趺座。西碑高4.10米，宽1.50米；东碑高4.15米，宽1.13米。碑文已湮灭，惟西碑碑阴人名尚存，半已剥蚀。史载四碑由王僧孺、陆倕、刘孝绰、裴子野各制其文。

萧秀(475—518)，字彦达，南兰陵人。梁武帝弟。初仕齐为著作佐郎。从萧衍起兵反齐，为南徐州刺史。入梁，封安成郡王。值岁饥，以私财赡百姓，济活甚多。累迁江、荆、郢、定诸州刺史。武帝天监七年（508），巴陵马营蛮沿江反抗甚烈，萧秀为荆州刺史，派兵镇绥。性喜学术，搜集经记，曾招学士刘孝标，使撰《类苑》，书未及毕，已行于世。天监十七年（518）春，死于赴任途中，谥康。

梁安成康王萧秀墓
全景
朱偰　摄
20世纪30年代初
《六朝陵墓调查报告》图版48

梁安成康王萧秀墓

东侧石狮
朱偰 摄
20世纪30年代初
《六朝陵墓调查报告》图版41

梁安成康王萧秀墓

西侧石狮
朱偰 摄
20世纪30年代初
《六朝陵墓调查报告》图版42

梁安成康王萧秀墓

西侧石柱 石碑
朱偰 摄
20世纪30年代初
《六朝陵墓调查报告》图版43

梁安成康王萧秀墓

东侧石碑

朱偰　摄

20世纪30年代

《六朝陵墓调查报告》图版46

梁安成康王萧秀墓

东侧石碑

郭群　摄

1980 年

《六朝艺术》图版 70

梁安成康王萧秀墓

西侧石刻群

高礼双　摄

20 世纪 80 年代后期

《中国美术全集·雕塑编（3）》图版 46

梁安成康王萧秀墓

东侧石刻群

1999 年 8 月　摄

《南朝石刻》第 30 页下图

梁安成康王萧秀墓

西侧石刻群

1999 年 8 月　摄

《南朝石刻》第 30 页上图

梁安成康王萧秀墓

上图：东侧石狮
顾善祥　摄
20世纪90年代初
《南京古今雕刻》第12页上图

梁安成康王萧秀墓

西侧石狮
2002年　摄
管秋惠　供稿

梁安成康王萧秀墓
东侧石狮
2006 年 4 月　摄

梁安成康王萧秀墓
东侧石狮
2006 年 4 月　摄

梁安成康王萧秀墓
西侧石狮
2006 年 4 月　摄

梁安成康王萧秀墓
西侧石狮
2006 年 4 月　摄

梁安成康王萧秀墓
西侧石狮　尾端
2006 年 4 月　摄

梁安成康王萧秀墓
西侧石狮　后部
2006 年 4 月　摄

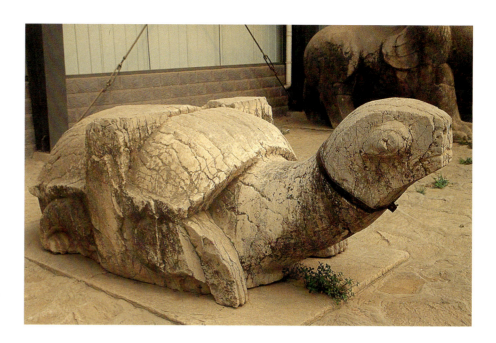

梁安成康王萧秀墓
东侧石龟
2006 年 4 月　摄

梁安成康王萧秀墓
东侧石碑
2006 年 4 月　摄

梁安成康王萧秀墓
西侧石龟
2006 年 4 月 摄

梁安成康王萧秀墓
西侧石碑
2006 年 4 月 摄

梁安成康王萧秀墓

西侧石碑　顶部正面

2006 年 4 月　摄

梁安成康王萧秀墓

西侧石碑　顶部背面

2006 年 4 月　摄

梁安成康王萧秀墓

西侧石碑　碑文拓片

选自《六朝陵墓调查报告》插页

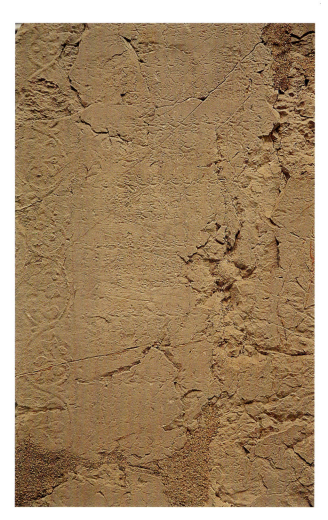

梁安成康王萧秀墓
西侧石碑　碑阴　局部
2006 年 4 月　摄

梁安成康王萧秀墓
西侧石碑　碑基左侧雕饰
2006 年 4 月　摄

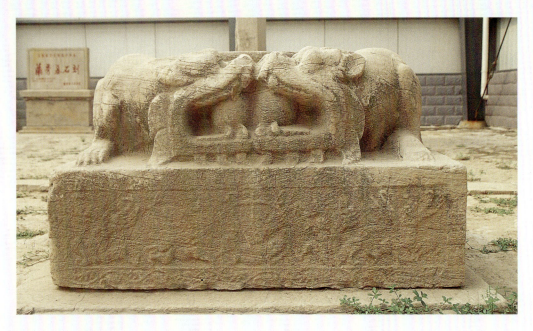

梁安成康王萧秀墓
东侧柱础　正面
2006 年 4 月　摄

梁安成康王萧秀墓
东侧柱础　背面
2006 年 4 月　摄

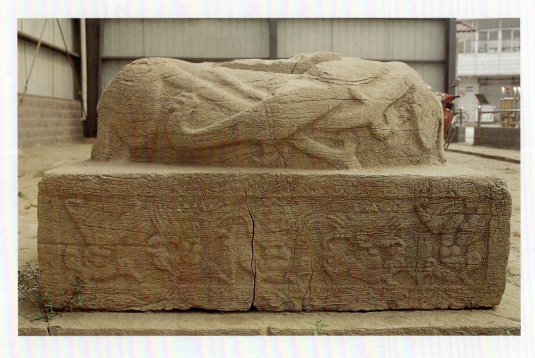

梁安成康王萧秀墓

西侧石柱

2006 年 4 月　摄

梁安成康王萧秀墓
西侧石柱　柱身雕饰
2006 年 4 月　摄

梁安成康王萧秀墓
西侧石柱　碑额
2006 年 4 月　摄

梁安成康王萧秀墓
西侧柱础
2006 年 4 月　摄

梁　始兴忠武王萧憺墓神道石刻

位于南京市栖霞区栖霞镇甘家巷西，现存石刻2种5件。其中石兽2只，张口伸舌作伫立状，东西相对，相距20米。西兽仅存后胯部，长1.7米，高1.01米。东兽雄性，头已残，身长3.78米，高2.92米，体围4.14米；腹侧双翼，前部雕饰似浪花，后部饰翎毛5根，身雕勾云纹；长尾及地。东兽腹下另有小兽2只，一身长1.25米、高1.14米；另一身长1.14米、高1.05米，造型与神道石兽相似。西碑已失，仅存龟趺座；东碑完好，于1957年建亭保护。碑高4.45米，宽1.6米，厚0.33米，龟趺座长1.46米，宽1.6米，高1.15米，约立于梁朝普通三年（522）十一月八日。碑首圭形，圆首，额有穿孔，碑顶饰交龙纹，额题"梁故侍中司徒骠骑将军始兴忠武王之碑"；碑文为东海徐勉撰、吴兴贝义渊书，郜元上石，丹阳房贤明刻。

萧憺（478—522），字僧达，南兰陵人。梁武帝弟。初仕齐西中郎法曹行参军。武帝天监初，封始兴郡王，为荆州刺史。时军旅之后，公私空乏，励精为治，广辟屯田，减省力役。民有讼者，决于俄顷。曹无留事，下无滞狱。天监九年（510）任益州刺史，开立学校，劝课就业。官至侍中、领军将军。性谦，降意接士，为时所称。卒谥忠武。

梁始兴忠武王萧憺墓

左图：东侧石碑

20世纪20年代　摄

《梁代陵墓考》图版31

梁始兴忠武王萧憺墓

下图：全景

朱偰　摄

20世纪30年代初

《六朝陵墓调查报告》图版55

梁始兴忠武王萧憺墓
上图：东侧石狮
罗香林 摄
20 世纪 30 年代初
《六朝陵墓调查报告》图版 53

梁始兴忠武王萧憺墓
下左图：东侧石碑
朱偰 摄
20 世纪 30 年代初
《六朝陵墓调查报告》图版 54

梁始兴忠武王萧憺墓
下右图：东侧石碑
郭群 摄
1980 年
《六朝艺术》图版 74

梁始兴忠武王萧憺墓

石狮周围环境

2006 年 4 月　摄

梁始兴忠武王萧憺墓

西侧石狮残件

2006 年 4 月　摄

梁始兴忠武王萧憺墓

东侧石狮

2006 年 4 月　摄

梁始兴忠武王萧憺墓
东侧石狮
2006 年 4 月 摄

梁始兴忠武王萧憺墓

东侧石狮

2006 年 4 月　摄

梁始兴忠武王萧憺墓

东侧石狮

2006 年 4 月　摄

梁始兴忠武王萧憺墓
东侧石狮前部胸下小兽
2006 年 4 月　摄

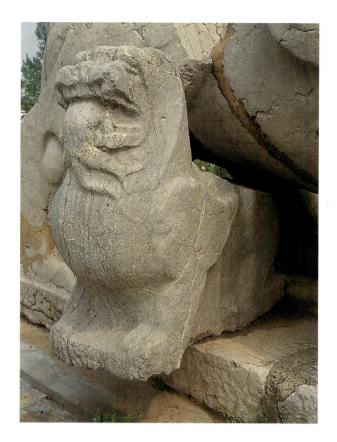

梁始兴忠武王萧憺墓
东侧石狮右侧腹下小兽
2006 年 4 月　摄

梁始兴忠武王萧憺墓
西侧石龟
2006 年 4 月　摄

梁始兴忠武王萧憺墓
东侧石碑
2006 年 4 月　摄

梁始兴忠武王萧憺墓
碑亭
2005 年 1 月　摄

梁始兴忠武王萧憺墓
东侧石碑

梁始兴忠武王萧憺墓
东侧石碑　顶部
2006 年 4 月　摄

梁始兴忠武王萧憺墓
东侧石碑　碑文拓片　局部
北京故宫博物院藏旧拓本
《中国美术全集·书法篆刻编（2）》图版 81

梁始兴忠武王萧憺墓
东侧石碑　碑额拓片
《六朝艺术》图版 283

梁　吴平忠侯萧景墓神道石刻

位于南京市栖霞区栖霞镇十月村，墓南向，已平。现存石兽2只，东西相对，相距约21米。东兽，雄性，身长3.8米，高3.5米，颈高1.7米，体围3.98米，昂首张口，长舌垂胸，右腿前迈，头有鬃毛，腹侧双翼，翼前部饰6根翎毛，胸前长毛卷曲，尾长及地。西兽于1956年曾发掘出地面，因破碎无法修复，又被埋入原址地下。神道石柱现存西柱，通高6.5米。柱头为覆莲形圆盖，其上立有小兽；柱表饰24道隐陷直刻棱纹，额矩形，上镌"梁故侍中抚将军开府仪同三司吴平忠侯萧公之神道"，楷体反书，侧面线刻"礼佛童子"图案，额下饰浮雕力士像；柱础高0.98米，上圆下方，上饰衔珠双螭，下为方形基座，柱围2.45米，四侧刻神怪纹饰。

萧景(477—523)，字子昭，南兰陵人。梁武帝从弟。初仕齐为晋安王国左常侍。迁永宁令，政为百城最。入梁，封吴平县侯，拜南兖州刺史，寻迁雍州刺史。天监八年（509），魏兵七万攻潺沟，驱迫群蛮。群蛮渡汉水降梁，议者以蛮累为边患，劝除之。其不听，开城受降。并出雍州兵击破魏军。修城警边，劝课农桑，盗贼绝迹。武帝礼遇甚厚，军国大事，皆与议决。官至郢州刺史。卒谥忠。

梁吴平忠侯萧景墓

西侧石柱

20世纪20年代　摄

《梁代陵墓考》图版23

梁吴平忠侯萧景墓

西侧石柱

朱偰　摄

20世纪30年代初

《六朝陵墓调查报告》图版58

梁吴平忠侯萧景墓

全景

朱偰　摄

20世纪30年代初

《六朝陵墓调查报告》图版56

梁吴平忠侯萧景墓
全景
2006 年 4 月　摄

梁吴平忠侯萧景墓

上图：东侧石狮

2006 年 4 月　摄

梁吴平忠侯萧景墓

下图：东侧石狮　翼部

2006 年 4 月　摄

梁吴平忠侯萧景墓
东侧石狮　爪部
2006 年 4 月　摄

梁吴平忠侯萧景墓

西侧石柱

2006 年 4 月　摄

梁吴平忠侯萧景墓
上图：西侧石柱　顶部
2006 年 4 月　摄

梁吴平忠侯萧景墓
中图：西侧石柱　碑额
2006 年 4 月　摄

梁吴平忠侯萧景墓
下左图：西侧石柱　碑额拓片
《六朝艺术》图版 256

梁吴平忠侯萧景墓
下右图：西侧石柱　碑额侧面图案拓片
《南朝陵墓雕刻》图版 47

梁吴平忠侯萧景墓

西侧石柱　柱础正面

2006 年 4 月　摄

梁吴平忠侯萧景墓

西侧石柱　柱础侧面

2006 年 4 月　摄

梁吴平忠侯萧景墓

西侧石柱　柱础背面

2006 年 4 月　摄

梁　临川靖惠王萧宏墓神道石刻

　　位于南京市栖霞区仙林大学城应天学院东南侧，墓北向，已平。墓前存石兽、神道柱、碑各二，东西相向对列。西石兽已毁，仅存东兽，雄性，身长3.3米，高2.86米，颈高1.35米，体围3.35米。西神道石柱通高5.52米，顶端圆盖及小兽已失，柱表作28楞隐陷直刻棱纹；石额尚存，题为"梁故假黄钺侍中大将军扬州牧临川靖惠王之神道"，柱额两侧雕龙凤、莲花纹，上下两端各饰负重力士像；柱座高1.06米，上圆下方，上为双螭，高0.55米，下为方形基座，边长1.8米，高0.53米，四周饰神怪图案，今已模糊不清。东柱原损坏严重，现已修复，顶端莲花形圆盖尚存，石额已失，造型与西柱相仿。东石碑已毁，只具龟趺座；西碑完好，圭形、圆首，额有一穿孔，下为龟趺座。碑文已漫漶碑身两侧各分8格，自上而下刻有浮雕神怪、朱雀、羽人、青龙等纹样，碑顶饰双龙纹。

　　萧宏(473—526)，字宣达，南兰陵人。梁武帝弟。初仕齐为卫军庐陵王法曹行参军。武帝天监元年（502），封临川郡王，位扬州刺史。天监四年（505）率师北伐，器械精新，军容甚盛，北人以为百数十年所未有。至洛口，因风雨夜惊，弃军，致全军溃散。性贪吝，领扬州刺史二十余年，家有库室百间，积钱三亿余，他物不计其数，奢侈豪华。豫章王萧综作《钱愚论》讥之。武帝以宏为兄弟私亲，且无政治野心，皆不罪责。官至太尉。卒谥靖惠。

梁临川靖惠王萧宏墓
西侧石碑 石柱
20世纪20年代 摄
《梁代陵墓考》图版34

梁临川靖惠王萧宏墓
西侧石柱 石碑
朱偰 摄
20世纪30年代初
《六朝陵墓调查报告》图版37

梁临川靖惠王萧宏墓
西侧石碑
朱偰 摄
20世纪30年代初
《六朝陵墓调查报告》图版39

梁临川靖惠王萧宏墓
全景
朱偰 摄
20世纪30年代初
《六朝陵墓调查报告》图版40

梁临川靖惠王萧宏墓

西侧石狮 残件

朱偰 摄

20 世纪 30 年代初

《六朝陵墓调查报告》图版 35

梁临川靖惠王萧宏墓

东侧石柱 残件

余建勋夫人 摄

20 世纪 30 年代初

《六朝陵墓调查报告》图版 38b

梁临川靖惠王萧宏墓

东侧石柱 残件

朱偰 摄

20 世纪 30 年代初

《六朝陵墓调查报告》图版 38a

梁临川靖惠王萧宏墓

西侧石碑　石柱

郭群　摄

1980年

《六朝艺术》彩图3

梁临川靖惠王萧宏墓
东侧石柱　出土状态
1998 年 10 月　摄
《南朝石刻》第 44 页右上图

梁临川靖惠王萧宏墓
东侧石柱　出土状态
1998 年 10 月　摄
《南朝石刻》第 44 页右下图

梁临川靖惠王萧宏墓
石刻群周围环境
1999 年 11 月　摄
《南朝石刻》第 40 页上图

梁临川靖惠王萧宏墓
石刻群周围环境
2005 年 1 月　摄

梁临川靖惠王萧宏墓
石刻群周围环境
2006 年 4 月　摄

梁临川靖惠王萧宏墓
东侧石狮
2005 年 1 月　摄

梁临川靖惠王萧宏墓
东侧石狮
2005 年 1 月　摄

梁临川靖惠王萧宏墓

东侧石狮

2005 年 1 月　摄

梁临川靖惠王萧宏墓

东侧石狮

2006 年 4 月　摄

梁临川靖惠王萧宏墓

西侧石狮　残件

2005 年 1 月　摄

梁临川靖惠王萧宏墓

西侧石狮　台座　出土状态

1998 年 5 月　摄

《南朝石刻》第 41 页左下图

梁临川靖惠王萧宏墓

东侧石柱

1999 年 11 月　摄

《南朝石刻》第 44 页左图

梁临川靖惠王萧宏墓

西侧石柱

1999 年 11 月　摄

《南朝石刻》第 43 页右图

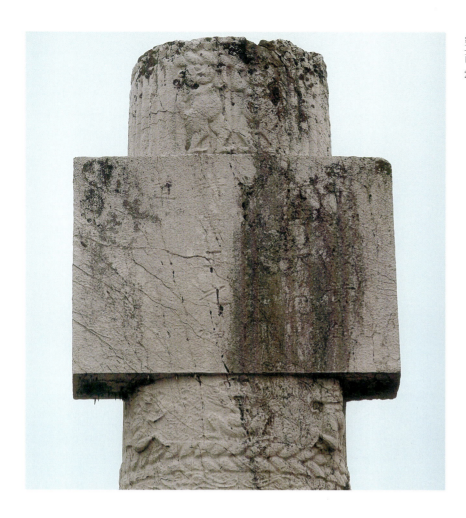

梁临川靖惠王萧宏墓
西侧石柱　柱额
2005 年 1 月　摄

梁临川靖惠王萧宏墓
西侧石柱　柱额下方雕饰
2005 年 1 月　摄

梁临川靖惠王萧宏墓
西侧石柱　柱额侧面雕饰
2005 年 1 月　摄

梁临川靖惠王萧宏墓
西侧石柱　柱顶侧面
2005 年 1 月　摄

梁临川靖惠王萧宏墓
下图：西侧石柱　柱础
2006 年 4 月　摄

梁临川靖惠王萧宏墓
东侧石龟
2006 年 4 月　摄

梁临川靖惠王萧宏墓
东侧石龟
2005 年 1 月　摄

梁临川靖惠王萧宏墓
西侧石柱　石碑及周围环境
2005 年 1 月摄

梁临川靖惠王萧宏墓
西侧石碑　龟趺
2005 年 1 月　摄

梁临川靖惠王萧宏墓

西侧石碑

2005 年 1 月　摄

梁临川靖惠王萧宏墓
西侧石碑　顶部背面
2005 年 1 月　摄

梁临川靖惠王萧宏墓
西侧石碑　顶部正面
2006 年 4 月　摄

梁临川靖惠王萧宏墓
西侧石碑　顶部图案　拓片
《南朝陵墓雕刻》图版 62

梁临川靖惠王萧宏墓
西侧石碑　碑基侧面雕饰
2005 年 1 月　摄

梁临川靖惠王萧宏墓
西侧石碑　碑侧雕饰　上段　下段
高礼双　摄
20世纪80年代后期
《中国美术全集·雕塑编（3）》图版49

梁临川靖惠王萧宏墓
西侧石碑　碑侧雕饰拓片
《南朝石刻》封面折页图版

梁　鄱阳忠烈王萧恢墓神道石刻

位于南京市栖霞区栖霞镇甘家巷西，墓南向，已平。墓前存石兽1对，雄性，东西对列，间距19.6米。东兽身长3.35米，高3.15米，颈高1.35米，体围4米，西兽身长3.46米，高3.17米，颈高1.34米，体围4.2米。均作前迈伫立状，昂首张口，长舌及胸，头有鬣，双翼饰翎羽，长尾垂地。

萧恢（476—526），字弘达，南兰陵人。梁武帝弟。齐郁林王隆昌中，萧鸾作相，委以腹心，为宁远将军。明帝即位，累迁北中郎外兵参军，前军主簿。齐东昏侯药死其兄萧懿，潜逃。及萧衍起兵，乃出奉迎。入梁，封鄱阳郡王，历官南徐州、郢州刺史，遣使巡行州部，境内大治。迁都督、益州刺史，官至荆州刺史。轻财好施，凡历四州，俸禄随而散之。卒谥忠烈。

梁鄱阳忠烈王萧恢墓
全景
朱偰　摄
20 世纪 30 年代初
《六朝陵墓调查报告》图版 52

梁鄱阳忠烈王萧恢墓
东侧石狮
朱偰　摄
20 世纪 30 年代初
《六朝陵墓调查报告》图版 50

梁鄱阳忠烈王萧恢墓
西侧石狮
古物保管委员会　摄
20 世纪 30 年代初
《六朝陵墓调查报告》图版 51

梁鄱阳忠烈王萧恢墓

东侧石狮

古物保管委员会　摄

20世纪30年代初

《六朝陵墓调查报告》图版49

梁鄱阳忠烈王萧恢墓

东侧石狮

郭群　摄

1980年

《六朝艺术》图版73

梁鄱阳忠烈王萧恢墓

全景

1993 年 11 月　摄

《南朝石刻》第 48 页上图

梁鄱阳忠烈王萧恢墓

全景

2006 年 4 月　摄

梁鄱阳忠烈王萧恢墓
东侧石狮
2006年4月　摄

梁鄱阳忠烈王萧恢墓
东侧石狮　后部
2006年4月　摄

梁鄱阳忠烈王萧恢墓
西侧石狮
2006 年 4 月　摄

梁鄱阳忠烈王萧恢墓
西侧石狮　后部
2006 年 4 月　摄

梁鄱阳忠烈王萧恢墓

西侧石狮　臀部雕饰

2006 年 4 月　摄

梁　南康简王萧绩墓神道石刻

位于江苏省句容市石兽乡石兽村。墓南向，已平。墓前石刻有石狮、神道柱各二。东石兽为雌性，身长3.85米，高3.4米，颈高1.4米，体围4.2米；西为公石兽，身长3.75米，高3.33米，颈高1.45米，体围4.28米。胸突腰耸，作伫立状。翼前为鳞羽，后为长翎。胸前长毛卷曲，长尾垂地前伸，足五爪。东神道柱完好；西柱顶端圆盖及小兽残失前半。柱础为环伏的双螭座，螭口中衔珠，尾绸缪相交。柱表作24楞隐陷直刳棱纹，柱围2.81米。石额矩形，文为"梁故侍中中军将军开府仪同三司南康简王之神道"，东额正书顺读，西额正书逆读。

萧绩（505—529），字世谨，小字四果，南兰陵人。梁武帝子。武帝天监七年（508），封南康郡王，为轻车将军，累迁南徐州、南兖州刺史，有政声。寡玩好，少嗜欲，居无仆妾，躬身俭约。官至安右将军。卒谥简。

梁南康简王萧绩墓

全景

20 世纪 20 年代　摄

《梁代陵墓考》图版 35

梁南康简王萧绩墓

西侧石狮

20 世纪 20 年代　摄

《梁代陵墓考》图版 10

梁南康简王萧绩墓

东侧石柱

20 世纪 20 年代　摄

《梁代陵墓考》图版 30

梁南康简王萧绩墓

全景

朱偰　摄

20 世纪 30 年代初

《六朝陵墓调查报告》图版 66

梁南康简王萧绩墓

西侧石狮

朱偰　摄

20 世纪 30 年代初

《六朝陵墓调查报告》图版 62

梁南康简王萧绩墓

东侧石狮

朱偰　摄

20 世纪 30 年代初

《六朝陵墓调查报告》图版 61

梁南康简王萧绩墓

西侧石柱

朱偰　摄

20世纪30年代初

《六朝陵墓调查报告》图版 64

梁南康简王萧绩墓

全景

郭群　摄

1980 年

《六朝艺术》彩图 10

梁南康简王萧绩墓

东侧石柱

朱偰　摄

20世纪30年代初

《金陵古迹名胜影集》图版 14

梁南康简王萧绩墓

全景

2006 年 4 月　摄

梁南康简王萧绩墓

东侧石狮

2006 年 4 月　摄

梁南康简王萧绩墓

东侧石狮

2006 年 4 月　摄

梁南康简王萧绩墓

东侧石狮　翼部

2006 年 4 月　摄

梁南康简王萧绩墓

东侧石狮

2006 年 4 月　摄

梁南康简王萧绩墓
西侧石狮
2006 年 4 月　摄

梁南康简王萧绩墓
西侧石狮　后部
2006 年 4 月　摄

梁南康简王萧绩墓

东侧石柱　顶部

2006 年 4 月　摄

梁南康简王萧绩墓

东侧石柱　柱础

2006 年 4 月　摄

东侧石柱　顶部

梁南康简王萧绩墓

东侧石柱　碑额

2006 年 4 月　摄

梁南康简王萧绩墓

东侧石柱　碑额拓片

《六朝艺术》图版 287

梁南康简王萧绩墓

西侧石柱

2006 年 4 月　摄

梁南康简王萧绩墓
西侧石柱　碑额
2006 年 4 月　摄

梁南康简王萧绩墓
西侧石柱　碑额下方雕饰
2006 年 4 月　摄

梁南康简王萧绩墓
西侧石柱　碑额背面雕饰
2006 年 4 月摄

梁南康简王萧绩墓

西侧石柱　柱础正面

2006 年 4 月　摄

梁南康简王萧绩墓

西侧石柱　柱础背面

2006 年 4 月　摄

梁　南平元襄王萧伟墓神道石刻

　　位于南京市栖霞区尧化镇仙新路侧（原北家边），墓已平。1979年出土东西相对的神道石柱两个，相隔约5米。西柱残存柱座、柱身、柱盖和柱额，柱额上尚能辨认出"梁故侍中中抚"6个字；东柱残存柱身、柱座等。这两个石柱柱身均作隐陷直刿棱纹，直径0.60米，柱座保存较好，上为双螭，高0.42米，口内衔珠，有翼，双足，头上有角，双螭中间为一圆台，圆台中为一方形榫孔，双螭之下为方形基座。其造型与其它南朝陵墓石柱相似。

　　萧伟（476—533），字文达，南兰陵人。梁武帝弟。起家齐晋安镇北法曹行参军。从萧衍起兵，拜雍州刺史。入梁，封建安王。患恶疾，改封南平郡王，累官侍中、大司马。好学重士，四方知名者多归之。晚年崇信佛理，尤精玄学。有《二旨义》、《性情》、《几神》等论，已佚。卒谥元襄。

梁南平元襄王萧伟墓
全景
2002 年　摄
管秋惠　供稿

梁南平元襄王萧伟墓

石柱础　出土状态

郭群　摄

1980 年

《六朝艺术》图版 140

梁南平元襄王萧伟墓

石刻残件

2005 年 1 月　摄

梁南平元襄王萧伟墓
石柱残件
2005年1月　摄

梁南平元襄王萧伟墓
石柱残件
2005年1月　摄

梁南平元襄王萧伟墓
石柱残件
2005年1月　摄

梁南平元襄王萧伟墓
石刻残件
2005 年 1 月　摄

梁南平元襄王萧伟墓
石柱残件
2005 年 1 月　摄

梁　新渝宽侯萧暎墓神道石刻

位于南京市栖霞区栖霞镇新合村董家边。墓南向，已平。墓前仅存神道西侧石柱1根，柱身下半已陷土中，残高3.44米，柱头圆盖及小兽已失，柱面作楞隐陷直刓棱纹，额镌"梁故侍中□□（仁威）将军新渝宽□（侯）之神道"，额下有浮雕一组，中为一力士以手承额，左右各一人蹲踞，也作举手承额状。

萧暎（？—544），字文明，南兰陵人。萧憺子。年十二，为国子生。起家淮南太守，武帝普通二年（521），封广信县侯，后改封新渝县侯，为吴兴太守、北徐州刺史。在任常载粟帛游境内，振济贫者。历官至给事黄门侍郎、卫尉卿、广州刺史。武帝大同六年（540），广州人卢子略反，暎攻平之。卒谥宽。

梁新渝宽侯萧暎墓
西侧石柱
郭群 摄
1980 年
《六朝艺术》彩图 12

梁新渝宽侯萧暎墓

西侧石柱　侧面

1999年8月　摄

《南朝石刻》第56页下左图

梁新渝宽侯萧暎墓

西侧石柱　正面

1999年8月　摄

《南朝石刻》第56页下右图

梁新渝宽侯萧暎墓

西侧石柱

2002年　摄

管秋惠　供稿

梁新渝宽侯萧暎墓
西侧石柱　周围环境
2005 年 1 月　摄

梁新渝宽侯萧暎墓
西侧石柱
2005 年 1 月　摄

梁　武帝萧衍修陵神道石刻

位于江苏省丹阳市云阳镇三城巷，在文帝建陵之北约100米处。陵东向，已平。陵前仅存石兽一只，雄性，位于神道北侧，南向。身长3.15米，高2.18米，颈高1.45米，体围2.35米，昂首挺胸，作前进状；双角，角顺颅顶后伏，两角中部起节；颌下长须卷曲，垂于胸际；双翼雕饰，前为螺纹，后为翎羽；通体毵毵如蔓，足五爪，踏下有小兽。

萧衍（464-549），字叔达，小字练儿，南兰陵人。仕齐为雍州刺史，镇守襄阳。齐末，皇室内乱，起兵入京，独揽政权，封梁王，旋废齐和帝自立，改国号梁，改元天监。即位后，重儒兴学，改定"百家谱"，设谤木，断贡献，政甚可观。后重用士族，信奉佛教，大建寺院，并3次舍身同泰寺。中大同二年（547），接纳东魏叛将侯景归降，旋又许东魏求和，景疑作乱，京都陷，饥困而死。在位四十八年，尊武皇帝，庙号高祖，葬修陵。擅长文学，精乐律，善书法，著述甚多，已佚，明人辑有《梁武帝御制集》。

梁武帝萧衍修陵

上图：北侧麒麟

20世纪20年代　摄

《梁代陵墓考》图版6

梁武帝萧衍修陵

北侧麒麟

朱偰　摄

20世纪30年代初

《六朝陵墓调查报告》图版23

梁武帝萧衍修陵

北侧麒麟　右侧面

2006 年 4 月　摄

梁武帝萧衍修陵

北侧麒麟　左侧面
2006 年 4 月　摄

梁武帝萧衍修陵
北侧麒麟　头部
2006 年 4 月　摄

梁武帝萧衍修陵
北侧麒麟　臀部
2005 年 2 月　摄

梁武帝萧衍修陵
北侧麒麟　尾部
2005 年 2 月　摄

梁　简文帝萧纲庄陵神道石刻

　　位于江苏省丹阳市云阳镇三城巷，武帝萧衍修陵之北。陵前存双角石兽残件，前半躯，头大颈短，张口瞠目，胡须下垂至胸前，双翼上扬，根部鳞纹凸起，前端翎毛上卷，刻画繁缛。

　　萧纲（503—551），字世缵，一作世赞，小字六通，南兰陵人。梁武帝第三子。武帝天监五年（506），封晋安王。中大通三年（531），昭明太子萧统死，继立为皇太子。太清末，侯景攻破建康，武帝死，即位。大宝二年（551），为侯景所杀，追尊简文皇帝，庙号太宗。幼好诗文，为太子时，结交文人徐摛、庾肩吾等以轻艳文辞描述宫廷生活，时称"宫体诗"。明人辑有《梁简文帝集》。

梁简文帝萧纲庄陵
南侧麒麟
20世纪20年代　摄
《梁代陵墓考》图版9

梁简文帝萧纲庄陵
全景
朱偰　摄
20世纪30年代初
《六朝陵墓调查报告》图版28

梁简文帝萧纲庄陵

南侧麒麟

2006 年 4 月　摄

梁简文帝萧纲庄陵

南侧麒麟　胸部

2006 年 4 月　摄

梁简文帝萧纲庄陵

南侧麒麟　翼部

2006 年 4 月　摄

梁　陵口神道石刻

位于江苏省丹阳市陵口镇东南隅萧梁河两岸，石兽1对，均雄性，东兽双角，身长4米，残高3.6米，颈高2米，体围3.9米，失三足；西兽独角，身长3.95米，残高2.9米，颈高2.9米，体围3.6米，四足已失。二兽头大颈短，羽翼由四小冀拼成一大翼，腹部复衬以羽翅纹，通体雕满纹饰。

梁陵口神道石刻
东侧麒麟
朱偰　摄
20 世纪 30 年代初
《六朝陵墓调查报告》图版 27

梁陵口神道石刻
西侧麒麟
朱偰　摄
20 世纪 30 年代初
《六朝陵墓调查报告》图版 26

梁陵口神道石刻
东侧麒麟
郭群　摄
1980 年
《六朝艺术》图版 124

梁陵口神道石刻
西侧麒麟
郭群　摄
1980 年
《六朝艺术》图版 127

梁陵口神道石刻

全景

1999 年 8 月　摄

《南朝石刻》第 66 页上图

梁陵口神道石刻

全景

2006 年 4 月　摄

梁陵口神道石刻
东侧麒麟
2006 年 4 月　摄

梁陵口神道石刻
东侧麒麟　后部
2006 年 4 月　摄

梁陵口神道石刻
东侧麒麟　头部
2006 年 4 月　摄

梁陵口神道石刻
东侧麒麟　翼部
2006 年 4 月　摄

梁陵口神道石刻
西侧麒麟
2006 年 4 月　摄

梁陵口神道石刻
西侧麒麟
2006年4月　摄

梁陵口神道石刻
西侧麒麟　颏须
2006年4月　摄

梁陵口神道石刻
西侧麒麟　翼部
2006 年 4 月　摄

梁陵口神道石刻
西侧麒麟　背部雕饰
2006 年 4 月　摄

梁　三城巷帝陵神道石刻

位于江苏省丹阳市云阳镇三城巷，梁文帝建陵南60米处。陵东向，已平。关于陵墓主人，旧说为"齐明帝萧鸾兴安陵"，日本东京大学曾布川宽教授定为"梁敬帝萧方智陵墓"。现存石兽1对，南兽雄性，独角已残，四足、尾巴全失（现已修复），身长3.02米，残高2.78米，颈高1.35米，体围2.78米，仰首垂身，短颈，脊背隆起，雕饰连珠纹，颌下垂长须，双翼由四小冀拼成，腹部复衬羽翅纹。北兽肢体已残，仅存其前半。

萧方智(542—557)，字慧相，小名法真，南兰陵人。元帝萧绎第九子。承圣元年（552）被封为晋安王。承圣三年（554）十一月，西魏克江陵，被陈霸先、王僧辩迎至建康，以太宰承制，即帝位，改元绍泰。太平元年（556)五月，禅位于萧渊明，九月，陈霸先政变，萧渊明退位，复为帝，太平二年（557）禅位于陈霸先，梁亡，奉为江阴王，旋被杀，追谥敬皇帝。

南侧麒麟

滕固　摄

20世纪30年代初

《六朝陵墓调查报告》图版16

南侧麒麟

朱偰　摄

20世纪30年代初

《六朝陵墓调查报告》图版17

梁三城巷帝陵

全景

郭群　摄

1980 年

《六朝艺术》图版 28

梁三城巷帝陵

南侧麒麟

20 世纪 80 年代　摄

《南朝陵墓雕刻》图版 13

梁三城巷帝陵
全景
2006 年 4 月　摄

梁三城巷帝陵
南侧麒麟
2006 年 4 月　摄

梁三城巷帝陵
南侧麒麟
2006 年 4 月　摄

梁三城巷帝陵

南侧麒麟

2006 年 4 月　摄

梁三城巷帝陵
南侧麒麟　颏须
2006年4月　摄

梁三城巷帝陵
南侧麒麟　翼部
2006年4月　摄

梁　建安敏侯萧正立墓神道石刻

位于南京市江宁大学城江苏省海事职业技术学院内（原淳化镇刘家边村），墓东向，已平。现存石刻2种4件，石兽1对，南北相对，之间相距19.2米。南兽雌性，身长2.2米，高2米，颈高0.8米，体围2.47米；北兽雄性，身长2.15米，高2米，颈高0.7米，体围2.47米；两兽昂首张口，长舌垂胸，长尾垂地，头有鬣毛，腹侧饰双翼，翼前部为鱼鳞纹，后为4根翎毛，胸前饰勾云纹。神道柱1对已遭严重风化，柱头圆盖及小兽无存，柱

表作隐陷直刳棱纹，南柱高3.45米，围1.74米，23棱。北柱高3.44米，围1.84米，20棱。柱额呈矩形，刻"梁故侍中左卫将军建安敏侯之神道"，两额文字相同，所读方向相反。

萧正立，字公山，南兰陵人。萧宏子。初封罗平侯，以母宠立为世子。宏卒，表求让兄，梁武帝嘉之，改封建安县侯。官至丹阳尹。卒谥敏。

梁建安敏侯萧正立墓
南北石柱
朱偰　摄
20世纪30年代初
《六朝陵墓调查报告》图版72

梁建安敏侯萧正立墓
南侧石狮
朱偰　摄
20世纪30年代初
《六朝陵墓调查报告》图版68

梁建安敏侯萧正立墓
北侧石狮
黄文弼　摄
20世纪30年代初
《六朝陵墓调查报告》图版69

梁建安敏侯萧正立墓

北侧石柱　正面

黄文弼　摄

20世纪30年代初

《六朝陵墓调查报告》图版70

梁建安敏侯萧正立墓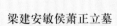

北侧石柱　背面

朱偰　摄

20世纪30年代初

《六朝陵墓调查报告》图版71

梁建安敏侯萧正立墓

南北石狮　周围环境

1993 年 11 月　摄

《南朝石刻》第 57 页上图

梁建安敏侯萧正立墓

南北石柱　周围环境

1993 年 11 月　摄

《南朝石刻》第 58 页上图

梁建安敏侯萧正立墓
南北石狮　周围环境
2006 年 4 月　摄

梁建安敏侯萧正立墓
南北石柱　周围环境
2006 年 4 月　摄

梁建安敏侯萧正立墓

南侧石狮

2006 年 4 月　摄

梁建安敏侯萧正立墓
南侧石狮
2006 年 4 月　摄

梁建安敏侯萧正立墓
南侧石狮
2006 年 4 月　摄

梁建安敏侯萧正立墓
北侧石狮
2006年4月 摄

梁建安敏侯萧正立墓
北侧石狮 翼部
2006年4月 摄

梁建安敏侯萧正立墓
北侧石狮
2006 年 4 月　摄

梁建安敏侯萧正立墓
北侧石狮　后半身
2006 年 4 月　摄

梁建安敏侯萧正立墓
南侧石柱　底部
2005 年　摄

梁建安敏侯萧正立墓
南侧石柱　碑额正面
2006 年 4 月　摄

梁建安敏侯萧正立墓
南侧石柱　碑额背面
2006 年 4 月　摄

梁建安敏侯萧正立墓
南侧石柱
2006 年 4 月　摄

梁建安敏侯萧正立墓

北侧石柱

2006 年 4 月　摄

齐末梁初　石马冲陵墓神道石刻

位于南京市江宁区上坊镇白马公园广场（原上坊镇石马冲），一说为"陈武帝陈霸先万安陵"，日本京都大学教授曾布川宽定此墓为齐末梁初王侯墓。陵前现存石兽1对，二兽之间相距47米，均雄性，南兽身长2.72米，高2.28米，颈高1.05米，体围2.56米；北兽身长2.5米，高2.57米，颈高1.33米，体围2.43米。两兽昂首张口，头有鬣毛，长舌下垂，下颏须髯拂胸，腹侧饰双翼，四足，长尾曳地，身上雕饰多已漫漶。

陈霸先(503—559)，字兴国，小字法生，吴兴长城（今浙江长兴）人。读兵书，多武艺。梁时初为油库吏，以军功累迁西江督护、高要太守。后与王僧辩讨平侯景，镇京口。西魏破江陵，元帝被杀，陈霸先、王僧辩共奉萧方智为梁王。后北齐立萧渊明为帝，令王僧辩迎入建康即位。陈霸先袭杀王僧辩，立萧方智为帝，击败北齐及王僧辩旧部，官拜司徒，受封陈王。太平二年（557）自立为帝，改元永定，国号陈。在位期间，效梁武帝，舍身大庄严寺。在位三年卒，谥武，庙号高祖。

齐末梁初石马冲陵墓
南侧石狮
张璜　摄
20 世纪 20 年代
《梁代陵墓考》图版 8

齐末梁初石马冲陵墓
北侧石狮
朱偰　摄
20 世纪 30 年代初
《六朝陵墓调查报告》图版 29

齐末梁初石马冲陵墓

全景

黄文弼　摄

20世纪30年代初

《六朝陵墓调查报告》图版32

齐末梁初石马冲陵墓

南侧石狮

黄文弼　摄

20世纪30年代初

《六朝陵墓调查报告》图版31

齐末梁初石马冲陵墓

北侧石狮

朱偰　摄

20世纪30年代初

《六朝陵墓调查报告》图版30

齐末梁初石马冲陵墓
全景
郭群　摄
1980 年
《六朝艺术》图版 99

齐末梁初石马冲陵墓
南侧石狮
顾善祥　摄
20 世纪 90 年代初
《南京古今雕刻》第 15 页下图

齐末梁初石马冲陵墓
北侧石狮
顾善祥　摄
20 世纪 90 年代初
《南京古今雕刻》第 15 页上图

齐末梁初石马冲陵墓
全景
1993 年 11 月　摄
《南朝石刻》第 61 页上图

齐末梁初石马冲陵墓
南侧石狮　正面
1993 年 11 月　摄
《南朝石刻》第 61 页下右图

齐末梁初石马冲陵墓

南侧石狮

2006 年 4 月 摄

齐末梁初石马冲陵墓
南侧石狮
2005年1月　摄

齐末梁初石马冲陵墓
南侧石狮　爪部
2006年4月　摄

齐末梁初石马冲陵墓
南侧石狮　尾部
2006年4月　摄

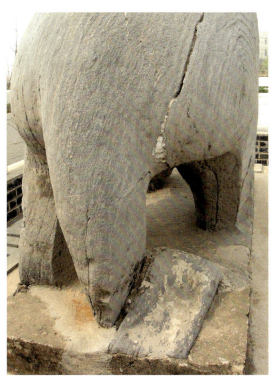

齐末梁初石马冲陵墓
北侧石狮
2005 年 1 月　摄

齐末梁初石马冲陵墓
北侧石狮
2005 年 1 月　摄

齐末梁初石马冲陵墓
北侧石狮
2006 年 4 月　摄

陈　文帝陈蒨永宁陵神道石刻

位于南京市栖霞区栖霞镇新合村狮子冲，陵南向，现存石麒麟1对，均为公兽，东西相对，间距25.84米。东兽双角，身长3.11米，高3米，颈高1.5米，体围3米；西兽独角，身长3.19米，高3.02米，颈高1.5米，体围2.94米。两兽昂首挺胸，瞠目张口，下颏须髯分5缕飘洒胸前；两翼微翘，作7根翎毛状，左腿前迈，振爪欲攫；全身雕饰如蕙草，极为绚美。

陈蒨（527-566），字子华，吴兴长城人。武帝侄。梁时为吴兴太守，以功迁信武将军。随陈霸先北征广陵，击败王僧辩部将杜龛，平定扬州刺史张彪，威惠大振。入陈，封临川王，武帝死，即位。与北周、后梁争巴、湘，周军多病死，弃地北撤，陈始全有江南。又平定留异、陈宝应、周迪等叛乱。曾因国用不足，命盐酒由国家专营。又下令百姓，不分侨、旧，一律著籍。在位七年，谥文，庙号世祖。

陈文帝陈蒨永宁陵
西侧麒麟
朱偰　摄
20世纪30年代初
《六朝陵墓调查报告》图版33

陈文帝陈蒨永宁陵
西侧麒麟
朱偰　摄
20世纪30年代初
《六朝陵墓调查报告》图版34

陈文帝陈蒨永宁陵

东侧麒麟
郭群　摄
1980 年
《六朝艺术》彩图 13

陈文帝陈蒨永宁陵

西侧麒麟
郭群　摄
1980 年
《六朝艺术》彩图 14

陈文帝陈蒨永宁陵
全景
2006 年 3 月　摄

陈文帝陈蒨永宁陵

全景

2006 年 3 月　摄

陈文帝陈蒨永宁陵

下图：东侧麒麟

2006 年 3 月　摄

陈文帝陈蒨永宁陵

东侧麒麟　头胸部
2006 年 3 月　摄

陈文帝陈蒨永宁陵

东侧麒麟　翼部
2006 年 3 月　摄

陈文帝陈蒨永宁陵

西侧麒麟

2006 年 3 月　摄

陈文帝陈蒨永宁陵

西侧麒麟　头部

2006 年 3 月　摄

陈文帝陈蒨永宁陵

西侧麒麟　翼部

2006 年 3 月　摄

陈文帝陈蒨永宁陵

西侧麒麟　臀部

2006 年 3 月　摄

南朝　方旗庙失名墓神道石刻

位于南京市江宁区江宁镇建中村方旗庙，墓已平。现存石兽1对，东西对列。东兽躯体后半已失，残长1.5米，高2.28米，颈高1.11米，体围2.77米；西兽雌性，身长2.57米，高2.04米，颈高0.8米，体围2.58米。两兽昂首吐舌，头有鬣毛，腹侧双翼，前端为鱼鳞纹，后为5根翎毛，左足前迈，长尾及地。

关于墓主人，一说为齐豫章文献王萧嶷墓，然文献资料证明推测有误。根据风格判断，石兽当为梁、陈之物。

南朝方旗庙失名墓

东侧石狮

朱偰　摄

20世纪30年代初

《六朝陵墓调查报告》图版７９

南朝方旗庙失名墓

西侧石狮

朱偰　摄

20世纪30年代初

《六朝陵墓调查报告》图版８０

南朝方旗庙失名墓

全景

1992 年 摄

邵磊 供稿

南朝方旗庙失名墓

全景

2006 年 3 月 摄

南朝方旗庙失名墓
东侧石狮
2006年3月　摄

南朝方旗庙失名墓

东侧石狮

2006 年 3 月　摄

南朝方旗庙失名墓

下图：西侧石狮

2006 年 3 月　摄

南朝方旗庙失名墓
西侧石狮
2004年12月 摄

南朝方旗庙失名墓
西侧石狮 翼部
2006年3月 摄

南朝 太平村失名墓神道石刻

位于南京市栖霞区燕子矶镇太平村太子凹，墓已平，现存石兽1件，于1984年10月26日出土，后迁至南京博物院。石兽头部略残，尾巴已失，通长1.75米，宽0.5米，高1.45米，腹饰双翼，右腿前迈。由于风化严重，浑身纹饰全无。

关于墓主人，一说为梁昭明太子萧统。文献资料显示，萧统于531年去世后，葬安宁陵。考察石兽的体型特征，其规格与皇太子的礼制颇有出入（同时期的王墓神道石兽多在3米以上，侯墓神道石兽最小的也在2米以上），不及王、侯的礼遇。从雕塑风格上说，此神道石兽与侯村失名墓神道石兽颇为相似。故将此神道石刻定在梁末、陈。

南朝太平村失名墓

石狮

2006 年 3 月　摄

南朝太平村失名墓

石狮

2006 年 3 月　摄

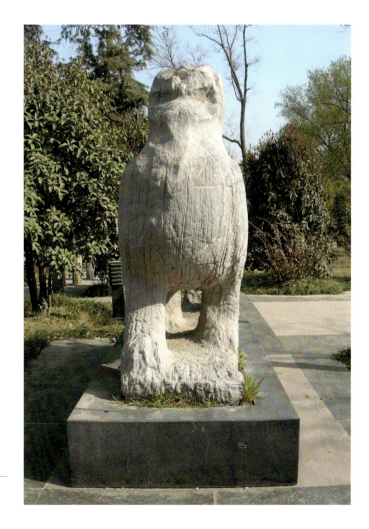

南朝太平村失名墓

石狮

2006 年 3 月　摄

南朝 侯村失名墓神道石刻

位于南京市江宁科技园南京汽车厂南门对面（原江宁区上坊镇陵里侯村），墓南向，已平，现存石兽1对，神道柱1根。石兽东西对列，二兽之间距离15米。东兽身长1.4米，高1.33米，颈高0.63米，体围1.28米；西兽身长1.6米，高1.38米，颈高0.68米，体围1.32米。两兽昂首张口，舌不外伸，头部也无鬣毛，腹侧饰双翼，身上纹饰已漫漶不清。石柱居东，高仅2.73米，下作覆盆式柱础，柱身饰20楞隐陷直刳棱纹；石额尚存，文字损沥，柱额下仅饰一圈绳辫纹；圆盖及顶上小兽已失。根据风格判断，该神道石刻应为梁末、陈之物。

南朝侯村失名墓

全景

黄文弼　摄

20世纪30年代初

《六朝陵墓调查报告》图版87

南朝侯村失名墓

下左图：东石狮

黄文弼　摄

20世纪30年代初

《六朝陵墓调查报告》图版85

南朝侯村失名墓

下右图：东石柱

朱偰　摄

20世纪30年代初

《六朝陵墓调查报告》图版86

南朝侯村失名墓

全景

1992年　摄

邵磊　供稿

南朝侯村失名墓

东侧石狮

1992年　摄

邵磊　供稿

南朝侯村失名墓

西侧石狮

1992年　摄

邵磊　供稿

南朝侯村失名墓

东侧石柱　背侧面

1992 年　摄

邵磊　供稿

南朝侯村失名墓

东侧石柱　正面

1992 年　摄

邵磊　供稿

南朝侯村失名墓

全景

1999 年 8 月　摄

《南朝石刻》第 64 页下图

南朝侯村失名墓

全景

2004 年 12 月　摄

南朝侯村失名墓
东侧石狮
2004 年 12 月　摄

南朝侯村失名墓
东侧石狮
2006 年 4 月　摄

南朝侯村失名墓
西侧石狮
2004 年 12 月　摄

南朝侯村失名墓
西侧石狮
2006 年 4 月　摄

南朝侯村失名墓

东侧石柱　背面

2004 年 12 月　摄

南朝侯村失名墓

东侧石柱　正面

2006 年 4 月　摄

南朝 狮子坝失名墓神道石刻

　　位于南京市栖霞区马群镇狮子坝村，北距沪宁高速公路约500米，墓主失考。现存一只石辟邪，长1.54米，残高1米，腹围约1.3米，四足残缺。因风化剥蚀，身上纹饰全无，但两翼依稀可辨。石辟邪被移动，头西向，放置在一个六角形平台内。

　　根据石兽风格判断，应为梁末、陈之物。

南朝狮子坝失名墓

石狮　左侧面

2002 年　摄

管秋惠　供稿

南朝狮子坝失名墓

石狮　正面

2002 年　摄

管秋惠　供稿

南朝狮子坝失名墓

石狮　右侧面

2002 年　摄

管秋惠　供稿

南朝　蒋王庙失名墓神道石刻

　　2000 年发现于南京市玄武区蒋王庙明岐阳王李文忠墓园，存石兽 1 件，现藏于南京市博物馆。石兽损坏严重，四肢、尾部以及头部下颌以上部位均缺失，通体风化极甚。石兽通长约 1.65 米，残高 0.8 米，腹部周长 1.45 米。胸部鼓凸，其上隐约可见向两侧伸展的卷翎纹，短翼，翼膊有阴刻羽纹。与栖霞太平村、江宁狮子坝失名墓石兽规制相仿，属王侯墓狮形石兽。

南朝蒋王庙失名墓
石狮　正面
2006 年　摄
邵磊　供稿

南朝蒋王庙失名墓
石狮　侧面
2006 年　摄
邵磊　供稿

南朝 宋墅失名墓神道石刻

位于南京市江宁科技园汽车产业配套区（原江宁区淳化镇宋墅村），墓已平。存有神道石柱1对，东西对列。西柱柱身大半及柱础陷于泥土，露出地面部分高3.6米，柱身扁圆稍方，刻24棱隐陷直刻棱纹，柱额文字模糊不清，额下饰浮雕绳辫纹、交龙纹；柱头覆莲状圆盖上小兽已失。东柱仅存柱座，与西柱相距23米，上圆下方，边长1.08米，高0.5米。现仅存东柱，西柱已失。

南朝宋墅失名墓

石柱

朱偰　摄

20世纪30年代初

《六朝陵墓调查报告》图版83

南朝宋墅失名墓

石柱

朱偰　摄

20世纪30年代初

《六朝陵墓调查报告》图版84

南朝宋墅失名墓

石柱全景

1992 年　摄

邵磊　供稿

南朝宋墅失名墓

上图：石柱

1992 年　摄

邵磊　供稿

南朝宋墅失名墓

石柱　背面

2004 年 12 月　摄

南朝　徐家村失名墓神道石刻

　　位于南京市栖霞区燕子矶镇金陵石化公司化工一厂。墓已平，现存石柱1根，柱头圆盖及小兽已失，柱表饰24棱隐陷直刳棱纹；石额长1.1米，宽0.8米，文字已漫漶难辨；柱额下饰绳辫纹、交龙纹；柱座上圆下方，上为双螭，下为方形基座，基座四周纹饰无存。

南朝徐家村失名墓

上左图：石柱　正面

朱偰　摄

20 世纪 30 年代初

《六朝陵墓调查报告》图版 81

南朝徐家村失名墓

上右图：石柱　侧面

朱偰　摄

20 世纪 30 年代初

《六朝陵墓调查报告》图版 82

南朝徐家村失名墓

下右图：石柱

1984 年　摄

《南朝陵墓雕刻》图版 87

南朝徐家村失名墓

下左图：石柱

郭群　摄

1980 年

《六朝艺术》图版 116

南朝徐家村失名墓
左上图：石柱　碑额
2004年12月　摄

南朝徐家村失名墓
石柱
1998年8月　摄
《南朝石刻》第63页下图

南朝徐家村失名墓
左下图：石柱　背面
2004年12月　摄

南朝 张库村失名墓神道石刻

位于南京市栖霞区仙林大学城应天学院西,北距萧宏墓神道石刻500米。现存石柱2个,相距约11.15米。北侧石柱,仅存柱座,高0.3米,上圆下方,上为双螭,张口衔珠,头上双角,有翼,足五爪,抵首交尾,脊隆突;下为方形基座,边长1.2米,高0.36米。座下有一块垫基石。柱座中间有一近似正方形的榫孔,长0.43米,宽0.4米,深0.3米。南侧石柱,形制同北侧柱座,柱身断为两截,横卧田中。柱身上半截长0.67米,下半截长0.69米。下半截底部榫头长0.28米,榫头最粗处宽0.34米,最细处宽0.26米。柱身上刻隐陷直刳棱纹,棱距0.08

米。下为方形基座,边长1.17米,高0.35米。柱座中间榫孔长0.49米,深0.3米。该墓的主人,一说为萧宏次子萧正义。

萧正义,字公威,南兰陵人。萧宏子。初封平乐侯,位太常卿、南徐州刺史。梁武帝赴朱方,正义修廨宇,广道路,旁施栏楯。翌日帝至,遂通小舆,帝得登北固楼。悦甚,赐正义束帛,后为东扬州刺史。后其帝萧正立上表让为嗣,旋即萧宏临川王位。

南朝张家库失名墓

东侧石柱　正面

2002 年　摄

管秋惠　供稿

南朝张家库失名墓

东侧石柱　背面

2002 年　摄

管秋惠　供稿

南朝张家库失名墓

西侧石柱遗存

2002 年　摄

管秋惠　供稿

南朝 耿岗失名墓神道石刻

位于南京市江宁科学园（原江宁区上坊镇耿岗）。墓主失考，现存神道石柱1根，柱头圆盖及小兽已失，柱表作隐陷直刻棱纹瓦楞纹。其造型特征与南朝陵墓神道石柱基本相同。

南朝耿岗失名墓
石柱残件 正侧面
1992年 摄
邵磊 供稿

南朝耿岗失名墓
石柱残件 背面
1992年 摄
邵磊 供稿

下編

天 禄 辟 邪 考

朱希祖

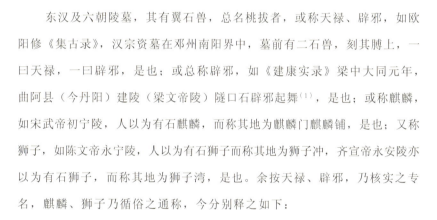

东汉及六朝陵墓，其有翼石兽，总名桃拔者，或称天禄、辟邪，如欧阳修《集古录》，汉宗资墓在邓州南阳界中，墓前有二石兽，刻其膊上，一曰天禄，一曰辟邪，是也；或总称辟邪，如《建康实录》梁中大同元年，曲阿县（今丹阳）建陵（梁文帝陵）隧口石辟邪起舞[1]，是也；或称麒麟，如宋武帝初宁陵，人以为有石麒麟，而称其地为麒麟门麒麟铺，是也；又称狮子，如陈文帝永宁陵，人以为有石狮子而称其地为狮子冲，齐宣帝永安陵亦以为有石狮子，而称其地为狮子湾，是也。余按天禄、辟邪，乃核实之专名，麒麟、狮子乃循俗之通称，今分别释之如下：

何以谓麒麟乃循俗之通称也？曰麟，本作麐，《说文》云：麐牝，麒也；麟，大牝鹿也。其后二字通用。《广雅》云：牡，曰麒；牝，曰麟，是也。《尔雅》云：麟，麋身牛尾一角。郭璞曰：麒似麟而无角。据此，则麒牡而无角，麟牝而一角。今观东汉六朝陵墓石兽，有二角者、有一角者、有无角者。其一角者亦皆牡，而麒麟又无两角者，此非麒麟之证一也。《汉书·终军传》，从上幸雍，祠五时，获白麟，一角，五蹄，师古曰，每一足有五蹄。《初学记》卷三十九引晋何法盛《中兴徵祥记》："麟，麋身、牛尾、狼头、一角、黄色，马足也。"又引西凉武昭王《麒麟颂》曰，一角圆蹄，麟尾既若牛尾，则其尾比例细而短，今齐武帝景安陵、梁武帝修陵、梁南康王萧绩墓，其石兽之尾，皆比例矗而长，且有盘旋于地者，与《汉书·西域传》"桃拔"，孟康注"鹿身长尾"说合，此非麒麟之证二也。曰五蹄、曰马足、曰圆蹄，明麒麟必圆蹄而无爪，今梁安成王萧秀墓之无角石兽，有五爪；梁武帝修陵二角石兽，亦有五爪，皆非蹄类。按之，今动物学蹄类皆食草兽，爪类皆食肉兽。《说文》：麒麟，仁兽也。《广雅》

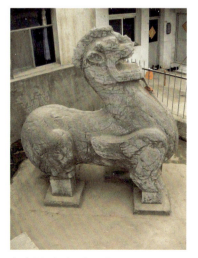

宋武帝初宁陵西侧石兽

云：麒麟，不履生蟲，则其为食草兽。可知，今观陵墓前之石兽，皆张牙而有爪，有猛噬之形，故置之墓，前欲其守卫。此又非麒麟之明证也。

何以谓狮子亦循俗通称也？案，狮子，古但作师子。《汉书·西域传》：乌弋山离国（在今波斯）有桃拔、师子。《孟康注》曰：师子似虎，正黄，有髯彲，尾端茸毛大如斗。师古曰，师子即《尔雅》所谓狻猊也。彲，亦颊旁毛，《说文》：彲，师子也。据此，桃拔、师子，皆外来译名。师子，中国本名彲及狻猊，其形之异于他兽者，以颊旁有髯，彲及尾端茸毛大如斗也。今观陵墓前石兽，颊旁既无特异之髯彲，尾端又无茸毛大如斗者，此非师子之明证也。

然则天禄辟邪之称，何以谓之核实专名乎？曰《汉书·西域传》云：乌弋山离国有桃拔、师子。注，孟康曰：桃拔，一名符拔，似鹿，长尾，一角者或为天禄，两角者或为辟邪。《后汉书·章帝纪》：章和元年，月氏国遣使献扶拔、师子。《和帝纪》：章和二年，安息国遣使献师子扶拔。《班超传》：月氏贡符拔、师子。注，引《续汉书》曰：符拔，形似麟而无角。《前汉》称桃拔，《后汉》称符拔或作扶拔。孟康，三国时人，故云桃拔，一名符拔，明桃拔、符拔，名虽不同，且有有角、无角之殊。然其种则一也。桃拔来自乌弋山离，符拔来自月氏安息，桃拔有角，符拔无角。桃拔之一角者，汉别名曰天禄；两角者，汉别名曰辟邪，总称曰桃拔；无角者，汉未有别名，盖仍称符拔也。徵之汉代实物，汉南阳宗资、宋均等墓均有石天禄、辟邪。

宋欧阳修《集古录》跋尾云：汉天禄辟邪四字，在宗资墓前石兽膊上。按，《后汉书》，宗资，南阳安众人。[2]今墓在邓州南阳界中，墓前有二石兽，刻其膊上，一曰天禄，一曰辟邪（卷三）。案，欧阳氏不言天禄辟邪一角二角之别，尚不能证明孟康之说也。明南阳知府杨应奎《重镌汉宗资墓石兽膊字记》云：余素知汉天禄辟邪字，在南阳境中。嘉靖丙戌秋九月，调守是郡，问行北郭外三里许，有塚巍然，面南，隔路有石兽，左者欹侧卧，去其四足，右则折缺中半，埋之土中，几不可见，问之土人，曰，是汉宗资墓前石兽也。因今仆夫起而筑之，细寻其字，无有也。又云，《一统志》云，宋均墓在南阳县东北古城内，有二兽，左刻天禄，右刻辟邪。左刻为雷所轰。又云，城西五里，俗名麒麟冈者，大塚前亦有二石兽，形状相类。[3]希祖案，据杨记则南阳汉墓前天禄辟

东汉　宗资墓石兽

齐宣帝永安陵东侧石兽

齐景帝修安陵西侧石兽

梁文帝建陵北侧石兽

邪，实有三处。《嘉庆一统志》"南阳府宗资墓条"云，沈存中笔谈，今南阳县北，宗资碑旁两石兽，镌其膊，一曰天禄，一曰辟邪，而《一统志》云：宋均墓在南阳县东北古城内，有二兽，左刻天禄，右刻辟邪，论地则皆南阳，按方俱在东北，两存之以俟考。希祖案，沈存中笔谈言宗资墓在南阳县北，明《一统志》言宋均墓在南阳县东北，方位不同。嘉庆《一统志》乃云，按方俱在东北，并为一谈，误矣。余友人董君作宾由南阳友人摄影二石兽寄示，则皆有二角者。其一标明宗资墓，窃谓此为宋均墓前之辟邪，故有二角，非宗资墓前之辟邪也。其无标题之二角石兽，盖为南阳西门外五里俗名麒麟冈之辟邪，亦非宗资墓前之辟邪也，何以明之？杨记明言，宗资墓右兽折缺中半，右为辟邪，今摄影之宗资墓二角石兽，并不折缺中半，而宋均墓则左天禄为雷所轰，右辟邪则无恙也，此一证也。元陆友《研北杂志》云，南阳宗资墓旁石兽膊上有刻字，曰天禄、辟邪，鲜于伯机少时，曾至其地，亲见西门北门，各有二石兽，但北门外者，去宗资墓不远，大军围襄阳，时士卒多病疟，模天禄二字，焚而吞之，即愈。人以为异，然辟邪已亡矣。案，元鲜于伯机所见宗资墓前辟邪，虽云已亡，其实不过折缺中半，埋之土中，几不可见，故云已亡也。与明杨应奎所见合此，二证也。然则二角为辟邪，此说于汉实物已有证矣。

　　宋沈括《梦溪笔谈》云：至和中，交趾献麟如牛而大，通身皆大鳞，首有一角，考之记传，与麟不类，当时有谓之山犀者，然犀不言有鳞，莫知其的，诏欲谓之麟，则虑夷獠见欺，不谓之麟，未有以质之止，谓之异兽，最为慎重有体。今以予观之，殆天禄也，按《汉书》灵帝中平三年，铸天禄虾蟆于平津门外。注云，天禄，兽名，今邓州南阳县北，宗资碑旁两兽镌其膊，一曰天禄，一曰辟邪，元丰中，予过邓境，闻此石兽尚在，使人墨其所刻，天禄辟邪字观之，似篆似隶，其兽有角鬣，大鳞如手掌，南丰曾阜为南阳令，题宗资碑阴云：二兽膊之所刻独在，制作精巧，高七、八尺，尾鬣皆鳞甲，莫知何象而名此也，今详其形，其类交趾所献异兽，知其必天禄也（卷二十一）。沈氏于元丰中，亲至邓，见其兽有角鬣，大鳞如手掌，且使人墨其所刻天禄辟邪字，而断定一角为天禄，则宗墓之天禄必一角也。然则一角为天禄，此说于汉实物亦有证矣。

　　天禄与天鹿有异，《古玉图谱》册三十四，有唐玉小玺，文曰：贞

梁萧正立墓南侧石兽

梁萧融墓西侧石兽

观御府，天鹿纽，两角，角各三歧，身有梅花纹，足有五爪，而图谱称为天禄。又有小玺，文曰，福禄攸同，旁刻大唐武德元年御篆（唐高宗），鹿纽，两角，各五歧，身有梅花纹，足有双蹄，图谱称为角鹿纽，其实二者皆鹿也。唐代工人，已不遵高曾之规矩，随意雕刻，二者皆为梅花鹿，而贞观小玺，竟妄改鹿蹄为爪，若仿刻天禄，则当为一角。高宗鹿纽玺改爪为蹄，乃合物形。自贞观后，天禄与天鹿混淆。清刘宝楠《汉石例》卷三，石兽刻字例，谓图谱载大鹿，有两角三角之异，两角即辟邪，而名天鹿，是天鹿辟邪通称也，变鹿为禄者，鹿与禄，古字通，且取其吉也。希祖案，刘氏之说甚谬，图谱载大鹿皆系两角，角有三歧者，有五歧者，至宋且有六歧者，刘氏竟误认三歧为三角，一谬也；天鹿与天禄本有别，《水经注·洈水篇》，汉熹平中，某君隊前有师子天鹿，又《沔水篇》，蔡瑁冢前刻石为大鹿，状甚大，头高九尺。据此，天鹿，即大鹿也，犹汉称大宛马为天马，皆表其与寻常之鹿马，较庞大而特异，故加天字以旌异之。天鹿之形，与天禄实有异。自唐以来，天禄与天鹿始不分，刘君又附会之，以为鹿与禄古字通，又云，变鹿为禄者，取其吉也。若然，则汉必先有天鹿，后有天禄。徵之故书，武帝以前，不见有天鹿之记载，而天禄之名，则见于《后汉书》。况天鹿与天禄，其角与足皆不同乎，其谬二也。《古玉图谱》册四十七，有天鹿承辕，侧面图一目一角，则其全形必二目二角，此不误也，而谓为三代之物，盖侈言耳。又册七十三，有古玉天禄书镇，谓为汉代器，二角，足有爪，此与贞观小玺同其谬误，且加以狮尾，不伦不类，盖唐以后无知俗工，以意为之，未尝见天禄真形；宋人不学，妄题以天禄字，此误之又误者也。《古玉图谱》，麟与天禄亦不能分别，册二十五载古玉麘符，一角，有爪，此乃真天禄，而妄题曰麘。此亦不可不辩也，昔人称宋龙大渊《古玉图谱》百册，系伪书，窃谓宋人考古不精，非大渊一人然也，真伪奚足辨哉！

辟邪二角，与无角之符拔亦异，《古玉图谱》册三十三有汉玉小玺，文曰：永昌，辟邪，两角，足有爪；又册七十二有古玉辟邪水注，云汉器，亦两角，足有爪，此不误也。而册七十三有古玉辟邪书镇，无角，而有爪，此盖符拔，而云辟邪，误矣。宋王黼《宣和博古图录》卷十五，有周辟邪钟六，皆辟邪为纽，说云，右六钟皆设辟邪以为纽，制作

梁武帝修陵北侧石兽

梁萧秀墓东侧石兽

与周官所载不同。下注云，凡钟饰以辟邪皆汉物，盖为后人附注。王黼原题皆云周钟也，又同卷有汉辟邪钟二，又卷二十七有周辟邪车辂托辕二，谛视之，则似有一角者，有两角者，有无角者，然皆不甚明，夫辟邪始见于汉武帝时西域乌弋山离国，其称为周物，已为后人所疑，况辟邪二角，此有一角，有无角者，何以混名辟邪乎？而刘宝楠《汉石例》卷三，石兽刊字例谓博古图载周辟邪钟凡六，其第三钟两辟邪，左右像各露一角。希祖案，第三、第四钟两辟邪顶，均似仅有一角。刘氏又云：第五背面像各有二角。希祖案，第五系侧面见一眼，不见有角。刘氏又云：又车辂托辕凡二，一左面，一右面，各露一角。希祖案，不见有角，似角者系毛纹。刘氏又云，汉辟邪钟二，并露两角。希祖案，汉第一钟，辟邪侧面各具一角，则全部有两角也；第二钟实无角。刘氏既不知周无辟邪，而辨别一角二角，又不谛审，其为例之不精，固当别论，而受宋人之愚，竟混称一角二角无角者，皆曰辟邪。吾故曰，宋人考古之不精非独龙大渊一人已也。虽然，唐许嵩《建康实录》已混称梁文帝建陵天禄辟邪为辟邪，又何怪乎宋人哉！

天禄辟邪入汉后，先范铜置于殿阁宫苑前，以壮观瞻者，厥惟天禄。

《汉书·杨雄传》：王莽时，雄校书天禄阁。

《后汉书·灵帝纪》：中平三年二月，复修玉堂殿，铸铜人四、黄钟四，及天禄虾蟆。注，天禄，兽也。时使掖庭令毕岚，铸铜人列于苍龙玄武阙外，钟悬于玉堂及云台殿前，天禄虾蟆吐水于平门外。汉有天禄阁，亦因兽以立名。

《后汉书·宦者张让传》云：使钧盾令宋典缮修南宫玉堂，又使掖庭令毕岚铸铜人四，列于苍龙玄武阙，又铸四钟，皆受二千斛，悬于玉堂及云台殿前。又铸天禄虾蟆，吐水于平门外桥东，转水入宫；又作翻车渴乌，[4]施于桥西，用洒南北郊路，以省百姓洒道之费。

希祖案，永平中既范铜以铸天禄，置南宫平门外，则西汉之天禄阁，盖亦铸天禄于阁前，故谓之天禄阁也。班固《两都赋序》，至于武宣之世，内设金马石渠之署。注，《史记》曰，金马门者，宦者署，门旁有铜马。[5]又《西都赋》云：立金人于端闱。注，《史记》曰：秦始皇大收天下兵器，聚之咸阳，销以为钟镰，铸金人十二，重各千斤，置宫中，时范铜以铸人兽之风已盛，故天禄阁范铜为天禄，如东汉南宫平

梁萧憺墓东侧石兽

梁萧宏墓东侧石兽

门外所列者，决非臆测之谈。禁扁丙谓前汉有宣室玉堂曾盘麒麟天禄石渠六阁，在未央而麒麟下注云，武帝获麟，作此阁，疑麒麟阁亦范铜以铸麒麟也。班固《西都赋》云，天禄石渠，典籍之府。《汉书·艺文志》云：武帝始建藏书之策，是建阁藏书，始于武帝。武帝获麟，作麒麟阁；武帝得天禄辟邪，作天禄阁以藏典籍，转辗者较，足以推见。至王莽时，扬雄校书天禄阁，此天禄阁盖非王莽始建也。《今本三辅黄图》引《汉宫殿疏》云，天禄麒麟阁，萧何造，以藏秘书处贤才，此则失之太早，[6]班固言至于武宣之世，内设金马石渠之署，石渠建于武宣之世，已有明文；而未央宫中有六阁，麒麟、天禄、石渠，盖皆武帝时造，作《汉宫殿疏》者，但知未央宫为萧何造，遂以未央宫中六阁，亦皆为何造，其谬殊甚，盖武帝以前尚无天禄也。

东汉时始以石造天禄辟邪置于墓前。

北魏郦道元《水经注·滍水篇》：滍水南有汉中常侍长乐太仆吉成侯州苞冢，冢前有碑，基西枕岗，城开四门，门有两石兽，坟倾墓毁，碑兽沦移，人有掘出一兽，犹全不破，甚高壮，头去地灭一丈许，制作甚工，左膊上刻作辟邪字。[7]

宋赵明诚《金石录》：郦道元注水经云，州君墓有两石兽已沦没，人有掘出一兽，犹不全破，甚高壮，头去地丈许，制作甚工，右膊上刻作辟邪字。余初得州君墓碑，又览水经所载，意此字犹存，会故人董之明守官汝颍间，因讬访求之，逾年特以见寄，其一辟邪，道元所见也，其一乃天禄，字差大，皆完好可喜，之明又云，天禄近岁为村民所毁，辟邪虽存，然字画已残缺难辨。[8]

希祖案，《道光宝丰县志》：邑人李海《观辟邪歌》云，滍水南岸犨城北，巨塚突兀列三四。蒙茸青草供牧矣，墓门那觅碑牌字。桑经郦注说吉苞，大长秋官汉阉寺。余有三塚概无闻，土呼将军昧所自。四塚各蹲辟邪一，风雨剥蚀野火燹。吁嗟乎！辟邪之兽产何字，称者每与天禄伍。村人不识奇兽状，翼者称鸡股称虎。[9]据此，则滍水南天禄辟邪不止一对，盖原有四对，《水经注》言，州苞墓城开四门，门有两石兽，疑各门昔有两石兽也，[10]李氏歌误以四门为四塚耳。道元仅见辟邪一，赵明诚又得天禄一，字差大，明非与道元所见辟邪相配，盖是别一门之天禄，后为村民所毁。李氏作《辟邪歌》时，又多两辟邪，盖又出土三兽，其

梁萧景墓东侧石兽

中或有天禄，亦未可知，李氏混称为辟邪，因见《水经注》仅有辟邪也，将来拟至宝丰一验，以释此疑。又南阳亦有汉墓三，各有天禄辟邪。

唐李贤《后汉书》注，今邓州南阳县北有宗资碑，旁有两石兽镌其膊，一曰天禄，一曰辟邪。[11]

希祖案，宋欧阳修《集古录》、沈括《梦溪笔谈》皆言汉宗资墓有天禄辟邪，已见上引。明南阳知府杨应奎《重镌汉宗资墓石兽膊字记》引明《一统志》，汉宋均墓（宋均，《后汉书》卷七十有传，南阳安众人）在南阳县东北，亦有天禄辟邪。又云，城西五里大塚，亦有二石兽，元鲜于伯机亦亲见西门、北门各有二石兽，见《研北杂志》，均已见上引。然则汉墓之有天禄辟邪者，就今日所知，南阳有三对，宝丰有四对，其他必尚有之，深愿海内考古之人，共同搜索而研究之也。

汉墓天禄辟邪，均有翼，说者谓此种雕刻，出自波斯。余案，天禄辟邪，总名桃拔，《汉书·西域传》谓乌弋山离国有桃拔，王先谦《汉书补注》谓，后书德若传下云，乌弋山离国地方数千里，时改名排特，《西域图考》云，在今波斯国南境给尔满、法尔斯、古尔斯、丹刺郡，四部地。据此，则桃拔出于波斯，系指当时生物，非指雕刻之桃拔，当时生物，未必有翼，汉墓雕刻者乃有翼，是否亦出于波斯，当属可疑。张璜《梁代陵墓考》附图十五，有四川雅州之石飞虎，云是汉墓前石兽，与汉墓天禄辟邪雕刻之翼不同，说者亦谓出于波斯。希祖案，《后汉书·翟辅传》：虎翼一奋，卒不可制。李贤注云，《韩诗外传》曰，无为虎传翼，将飞入邑，择人而食。又案，《周书》亦云，无为虎传翼，将飞入宫，择人而食。《周书·韩诗传》均见于《汉书·艺文志》，虎翼之语，其来甚古，必在汉武帝通西域以前，屈原《离骚》云，为余驾飞龙兮，又《湘君》云，驾飞龙兮北征，《易·乾卦》亦有"飞龙在天"之语。猛兽传翼，本皆出于神话，未必实有其物。中国神话俗语中，既有龙虎能飞有翼之语，则形之雕刻，亦非必无之事。试观《山海经》为中国古代神话荟萃之书，其中有翼能飞之兽甚多，如：

耿山有兽焉，其状如狐而鱼翼，其名曰朱獳。（《东山经》）

希祖案，鱼翼者，其翼本有鳞，与天禄辟邪翼本有鳞，其渊源可溯焉。又，姑逢之山有兽焉，其状如狐而有翼，其名曰獙獙。（《东山经》）

崦嵫之山有兽焉，其状马身而鸟翼，人面蛇尾，名曰孰湖。（《西

梁萧恢墓西侧石兽

梁简文帝庄陵南侧石兽

山经》）

马成之山有兽焉，其状如白犬而黑头，见人则飞，其名曰天马。（《北山经》）

天池之山有兽焉，其状如兔而鼠首，以其背飞，其名曰飞鼠。（《北山经》）

穷奇，状如虎有翼。（《海内北经》）

希祖案，《左传·季文子》亦言，浑沌、穷奇、梼杌、饕餮四兽，则穷奇等有翼兽，其神话流传久矣。《山海经》更有人而有翼者，如

讙头国人，人面有翼鸟喙。（《海外南经》）

张弘之国有人焉，鸟喙有翼。（《大荒东经》）

大荒之中有人焉，名曰驩头，人面鸟喙，有翼。（《大荒东经》）

西北海外黑水之北有人，有翼，名曰苗民。（《大荒北经》）

希祖案，《左传》卷十：宣公三年，楚子观兵于周疆，定王使王孙满劳楚子，楚子问鼎之大小轻重焉。对曰，在德不在鼎，昔夏之方有德也，远方图物（杜预注，图画山川奇异之物而献之），贡金九牧铸鼎象物（注云，象所图物，铸之于鼎），百物而为之备。桀有昏德，鼎迁于商，载祀六百，商纣暴虐，鼎迁于周，成王定鼎于郏鄏（今河南），卜世三十，卜年七百，鼎之轻重，未可问也。说者谓禹铸九鼎，雕刻远方所图山川奇异之物，其后山海经所有怪物，即本此鼎上所图者（证见毕沅山海经序）。余谓九鼎为禹所铸，或为王孙满之侈言。然东周有九鼎，为国重宝，鼎铸奇异之怪物，此皆必有之事。王孙满对楚子，于鼎之历史，或可夸张而臆造，于鼎之形象，不能幻构而面欺也。《史记·周本纪》：威烈王二十三年，九鼎震；周赧王五十九年，周亡，秦取九鼎宝器。《秦·本纪》：昭王五十二年，周民东亡，其器九鼎入秦。当七国时，各国争欲得周九鼎，以承周统。其事见于《战国策》及《史记》，兹不备举。九鼎既为国宝，战国或秦之人，必有一觌其形状，著书以传世者，于是《禹本纪》、《山海经》等书，即出于斯时。[12]《史纪·大宛列传》，太史公曰，《禹本纪》、《山海经》所有怪物，余不敢言之，盖怪物属于神话，与作史本不相容焉。《山海经》既出于鼎上图画雕刻，则亦非图不明，于是有古图。晋郭璞注《山海经》，而云：图亦作牛形，又云，在畏兽画中，其后又作图赞；晋陶潜读《山海经诗》亦云，流观山海图，

梁萧绩墓东侧石兽

梁三城巷帝陵南侧石兽

是古图必出于晋以前矣。梁张僧繇有《山海经图》十卷，见宋中兴书目，此种怪物之图，转辗相传，其源皆出于鼎象，其流乃见于周代铜器之有翼兽[13]以及汉武梁祠石刻之飞龙、飞马，汉宗资、宋均、高颐等墓之有翼石兽，《山海经》有翼兽等怪物，司马迁虽不敢言，然季文子穷奇之喻，《史记·武帝本纪》亦载之，是亦出于汉武帝通西域以前，余故谓汉墓石兽雕刻鳞翼，是吾国固有之遗风，抑外国传来之新范，尚未可遽定者也。

六朝陵寝，亦有以石造天禄、辟邪。雕刻膊翼，置于陵之左右者，而王公之墓，其石兽与陵寝略，同惟均无角，则所谓符拔也。其详见于余所撰《六朝陵墓调查报告书》。

天禄、辟邪，汉代皆施于臣下之墓，六朝始用于皇帝之陵，《水经注》，光武隧道有象马，梁任昉《述异记》，邺中铜驼乡魏武帝陵下，铜舵石犬各二，则东汉及魏帝王陵寝，尚无有所谓天禄、辟邪也。

汉墓天禄、辟邪，宋均墓则左刻天禄，右刻辟邪[14]，宗资墓亦左曰天禄，右曰辟邪[15]，六朝之陵则反是，余长子儁所撰《六朝陵墓总说》云：六朝帝王陵寝，其前左右皆列石兽，左者双角，右者独角，如宋武帝初宁陵，右兽角已剥落，但视其痕迹显系独角；宋文帝长宁陵（余改为陈文帝永宁陵）右兽尚完好，为独角。齐宣帝永安陵，东北向经山，其右亦为独角；齐景帝修安陵，左兽双角，右兽独角；梁武帝修陵，仅余左兽，双角；齐明帝兴安陵，仅余右兽，独角。

由此观之，六朝之陵，皆左为二角之辟邪，右为一角之天禄，其位置确然甚明，惟汉墓天禄辟邪文字，有为后人重刻者，其重刻时原文已不清晰，其有淆乱，亦未可知，非经实验盖未能作为定例也。

一角为天禄，二角为辟邪，总名桃拔，其无角者，名符拔，或作扶拔，与桃拔同类，此正名也。然余所撰《六朝陵墓报告书》仍称天禄、辟邪，总名桃拔者曰麒麟，称无角之符拔曰辟邪，仍从通俗之称也。盖自齐梁唐宋以来，其名已乱，如萧子显《齐书·豫章文献王嶷传》，称宋文帝长宁陵之天禄辟邪曰麒麟；《梁书·武帝本纪》中大同元年，称梁文帝建陵之天禄、辟邪曰石麒麟；宋王黼《宣和博古图》、龙大渊《淳熙古玉图》，皆称无角之符拔曰辟邪。余作此篇时，报告书已缮成，既惮追改，又虑骇俗，故存其旧称于彼，而著其正名于此，世之君子，幸匡正焉。

陈文帝永宁陵西侧石兽

注释:

（1） 《梁书·武帝本纪》作石麒麟，乃从俗称，故《建康实录》改称辟邪。

（2） 《后汉书》无宗资传，惟党锢传注，称资为安众人。

（3） 《光绪南阳县志》卷十。

（4） 翻车，设机车以引水；渴乌，为曲筒，以气引水上也。

（5） 《后汉书·马援传》：孝武皇帝时，善相马者东门京，铸作铜马法献之，有诏立马于鲁班门外，则更名鲁班门曰金马门。

（6） 《今本三辅黄图》六卷，及所引《汉宫殿疏》，皆唐以后人撰，多臆说不足信。余别有致滕君固书，详论其说之非，文多此赘引。

（7） 北魏·郦道元《水经注》卷三十一。

（8） 宋·赵明诚《金石录》卷十五。

（9） 《道光宝丰县志》卷五十。

（10） 《汉书·张汤传》：调茂陵尉，治方中，注如淳曰，汉注，陵方中，用地一顷，深十二丈，皇览曰，汉家之葬，方中百步外，穿为方城，开西门，容大车六马。据此，则州苣阁人，乃僭用天子陵制，方城开四门也。

（11） 《后汉书》卷八，"灵帝纪"中平三年下。

（12） 汉·王充《论衡》：禹益并治洪水，禹主治水，益主记异物，海外山表；无远不至，以所见闻，作《山海经》，此虽不足信。然《山海经》所记，与禹有关，故与《禹本纪》同源。

（13） 如《蔡元培先生六十五岁庆祝论文集》中，徐中舒《古代狩猎图考》所举杕氏壶有翼兽。

（14） 见《明一统志》。

（15） 见《光绪南阳志》卷十。

虚 幻 的 真 实

——梁代石辟邪写生

王朝闻

梁太平村失名墓石狮

梁太平村失名墓石狮

这一件南京博物院珍藏的梁代石刻，据介绍是1984年出土于南京城北燕子矶镇太平村太子凹，可能是梁昭明太子萧统陵前的辟邪。它身高144厘米，身长154厘米，足下座板长163厘米，宽51厘米。它的头部和尾部残损，全身尤其是四只脚风蚀严重。不消说，它对我不如南京、句容和丹阳那几尊站立在南朝陵墓前的石兽更有吸引力，后者的形体比较完整而且高大，但这一只小石辟邪，仍然有它那不能被替代的文物价值与审美价值。

昭明太子萧统，是我所敬重的一位古人。这次重游镇江，再次游览了他主编《昭明文选》的招隐寺旧址。当地那"鸟鸣山更幽"的绿色世界，使我又一次体验到"补读平生未见书"的浓厚乐趣。萧统生前未得袭帝位，亦未得封王侯，他陵前石兽的体积较小符合制度，我为这一文物得到保存和珍视感到庆幸。

这一石刻风化程度严重，也许和它那以石灰石为材料的原因有关，而石兽的头面部、尾部受到残损，这可能是受了人力的破坏（侯景之乱）——这就不应让大自然去承担责任了。

我在句容县石狮乡石狮沟萧绩墓前所见到的一对石兽，形体既高大而又完好，且不说它身上那富于装饰性的、流畅有力的线刻，单就它那伸出来的舌头的生动感这一点而论，也能显示六朝石雕非常成熟的艺术水平。石兽整体的动态，在威猛中渗着泰然和自尊，越看越觉得它既庄严又活泼；……在丹阳县荆林三城巷北大庄东，我看到了梁武帝墓前残存的一只称为天禄的石兽，头顶上的双角，近似女孩子的一对向项背披着的发辫，在后脑部分形成了透雕式的玲珑的空间。在大型石雕上的这种细致而空灵的处理，使石兽那粗犷的造型更具充满活力的魅力，显得在猛勇中具有某种轻快的意味，在艺术上比汉代霍去病墓前石雕显得更为成熟。作为兽身重量支撑点的尾巴，在底座上若蛇身般的蜷曲自如，这就更能

齐武帝景安陵东侧双角麒麟

梁萧绩墓西侧石狮

显示艺术匠师在构思方面的缜密。他们显然不满足于力学方面的成就，而是也在追求美学的效果的。在石兽的形体结构方面作出如此自然和巧妙的安排，不能不承认古代艺术匠师的高度智慧。

梁代石雕和齐代石雕之间，各有其独特的艺术美。我匆匆观赏的印象是，早于梁代的齐代陵前石兽，例如丹阳县春塘大队田家村南齐武帝萧赜景安陵石刻天禄和梁代石兽在造型和风格方面的差异十分显著。尽管同样是挺着胸脯的，但齐代石兽的颈项更向身躯部分昂扬着，腰部更向下坠，臀部更向上拱起，四条腿欲跃的形态更分明，也更加偏离了基本形的垂直线，和梁代石兽四腿更接近垂直线不同，所以更富于欲行又止的运动感，与梁代石兽那般显得庄重的意味明显不同。

为什么晚于齐代的梁代石兽更强调稳定感，而不像齐代石兽那么强调运动感，这一点不是我企图在本文说明的问题。我只想指出：南京博物院这尊梁代石雕，即使是在细节已经风化得不可辨识了，但它的基本形所体现的梁代特征都是很明确的，尽管这一被风化的石雕有些像未出壳的鸡雏，毛羽并不丰满，然而却很有生命力。这尊梁代石兽和其他梁代石雕在神态方面的一致性，是威猛与安详的结合，自尊与自负的结合，激动与沉静的结合⋯⋯

诚如头部早已失踪的希腊胜利女神，并不因为无头而丧失了整体的生命力那样，这只头部已残损的石雕，并不因此而丧失它那不能被掩没的审美价值。它那从头部到脊部的一条弧线，从下颚到腹部的一条弧线，从背部到臀部的一条弧线，这三条弧线所构成的石兽的基本形自身，绝不像任何规范化了的抽象符号，而是能够引起生命力之旺盛的感觉，以至特殊的愿望和理想。面对尽管是分明已有残缺的这件文物，我也感受到如同阅读《世说新语》时那么兴奋，它可能使人不假思索地联想到六朝时那种生动活泼的文化，它是跳跃般地向前发展的艺术思潮的代表或象征。

试论南朝陵墓雕刻艺术的风格嬗变⁽¹⁾

——以石兽为中心

万新华　　庞　鸥

图1　宋武帝初宁陵东侧双角麒麟

图2　东汉　杨君墓石兽

引　言

南北朝时期是中国历史上继春秋战国以来最长的南北对峙的多事之秋。时代的动荡、政权的更迭、经济的消长、思想的嬗变、人生的无常……使得南北朝的一切都处于极不稳定的状态之中。特别在广大的江南地区，宋、齐、梁、陈，王朝更迭频繁。风云激荡的社会、纷繁复杂的环境，为风流倜傥的魏晋风度的潺潺不息提供了温床。禁锢与开明并存的社会文化大背景，为绚丽、灿烂的艺术提供了广阔的舞台。一大批才华横溢的文人名士粉墨登场，他们歌着、舞着、癫狂着，以其独具魅力的表演充分展现着自己的才华，并于各个领域取得了丰硕的成果。这样的时代，艺术的发展全面而且精粹，无论是书法、绘画、音乐还是雕塑，风度与精神并存。

宋代苏泂《金陵杂兴二百首》有诗云："五陵歌舞换埃尘，地下黄金出尚新。碑字已漫青草死，酸风吹煞石麒麟。"诗中"五陵"指的是葬于钟山之南的东晋帝陵，"石麒麟"即是南朝陵墓神道石兽。时至今日，这些跨越了一千五百多年风雨沧桑的南朝石兽目睹着变迁，见证了历史。

当时北方的工匠正在敦煌和云冈的岩壁上雕凿佛像，用自己超迈的才华演绎那些因果报应的佛教故事。那是一个神的世界，当然，那是人格化的神。而南方的他们则在用自己同样超迈的才华制作陵墓前的石兽，这里没有故事，没有道德说教，没有苦难和慈悲，只有造型的风骨和神韵。这是一个兽的世界，当然，这也是人格化的兽。麒麟、天禄和辟邪都是世界上莫须有的巨兽，但它们身上包含着人类生生不息的欲求，折射出世俗的理想之光。它们有足、有翅、有角。有足可以奔驰，有翅可以腾飞，有角可以决斗。它们是强健和自由的生命，是中国南方的飞天。

——夏坚勇《寂寞陵口　风雨南朝》[2]

南朝陵墓雕刻涉及宋、齐、梁、陈各代而群体组合方式却基本一致，一般设置在陵墓神道两侧，依次列置为石兽、石柱、石碑各一对，雕刻群的主题思想、组合样式被固定为较之汉代更加简化鲜明的形式。它以其自身的制度化、造型的规范化、组合的简明化在中国历代陵墓雕塑中独树一帜，其数量之多，价值之高，成就之大，足与北朝石窟造像相媲美，最能代表当时南方雕塑艺术的水准，备受美术史家的重视。遗留至今的南朝陵墓雕刻以石兽居多，艺术价值也最高，本文即以石兽为中心，阐述南朝雕刻艺术的风格嬗变。

一

我国古代陵墓前设置石兽的历史，有实物可及的能够追溯到西汉武帝时期，以陕西省兴平县霍去病（公元前140—117年）墓前神道石兽为代表，但其性质与后来流行的神道石刻迥异。

陵墓前设置石兽，据文献记载骊山秦始皇陵已具备。而神道两侧设置石兽的制度则始于东汉初年，据东汉应劭《风俗通》记载，其作用主要是趋吉附祥、驱除鬼怪和象征墓主身份及地位，如东汉光武帝刘秀（公元前6年—57年）的陵墓神道便置有高大的象、马等石兽雕塑。上行下效，王公贵族也竞相效仿。东汉贵族官僚墓前除陈列石虎、石羊、石马、石骆驼等外，还出现了狮子、麒麟之类的石兽。郦道元《水经注》记载了东汉时曹操之父曹嵩墓、安邑县长尹俭墓、长水校尉蔡瑁墓、襄阳坞失名墓、中常侍州辅墓、南阳宗资墓等的神道两侧置有各种石兽。

东汉陵墓雕刻有一个不容忽视的重要特征，即形成了组合性设置制度与造型效果，在组合品类中，神道柱和神道碑作为重要内容而出现。文献史料显示，阙前柱、兽、人、碑的组合是东汉时期陵墓雕刻的典型组合方式，形成了一种基本的造型规范，产生了陵墓石雕艺术一个新的审美层次。然而，就内容而言，仅从留存至今的东汉陵墓神道石兽来看，如河南南阳卧龙岗宗资墓、四川芦山樊敏墓、杨君墓以及雅安县高颐墓的石兽，其造型与南朝陵墓神道石兽相类似，只是制作工艺较为简单粗糙，尚且没有形成统一的、严格的造型制度，或有角、或无角、或有翼、或无翼……

图3　东汉　武氏祠石兽

图4　东汉　宗资墓石兽

图5　齐宣帝永安陵东侧双角麒麟

图6　齐武帝景安陵东侧双角麒麟翼部

图7　齐景帝修安陵东侧双角麒麟翼部

魏晋时期，动荡不定的社会环境和遭到大规模破坏的经济状况使东汉时期流行的厚葬风气大为收敛。陵墓雕刻艺术急趋衰落，帝王墓葬"寿陵因山为体，无为封树，无立寝殿，造园邑，通神道。"(3) 所带来的时代风气使我们几乎面对一个陵墓雕刻艺术的空白时代。直到相对稳定的南北对峙的政治格局形成，陵墓雕刻艺术才再度兴起。

南朝时期，陵墓神道石兽造型趋于一致，形成定制，而且有严格的等级区别：皇帝陵墓神道石兽，独角、双角各一；王侯陵墓神道石兽皆无角；石兽均有双翼。

关于南朝陵墓石兽名称，历来有麒麟、天禄、辟邪、狮子之说，众说纷纭、莫衷一是。笔者考察了各家之说，征诸文献史料和实物材料，为叙述之便，将南朝帝陵前的有角石兽统称为"麒麟"，王侯墓前的无角石兽称为"狮子"。(4)

研究表明，南朝陵墓的石兽、神道柱、石碑一般是在皇帝或王侯死后制作的，这对石兽的编年以及研究南朝陵墓雕刻的风格嬗变是十分重要的。

（一）刘宋（420—479年）陵墓石兽

现存最早的南朝石兽是位于南京市江宁区麒麟镇麒麟铺的宋武帝刘裕（363—422年）初宁陵石麒麟。两石兽东西相向，东为双角，西为独角，均为雄兽，在形态和大小上大致相当，颔下垂长须，肩生双翼，瞪目张口，昂首挺胸，内侧的前肢向前迈出。由于人为破坏和自然风化，两兽皆损毁较严重。

虽然，于帝陵神道设置石兽和石柱，前代已有。但是东汉末年，为扭转厚葬之风，曹操于建安十年（205年）以天下凋敝为由发布"薄葬令"，禁止立碑；(5) 后来的晋武帝司马炎也在咸宁四年（278年）严禁立石兽和碑表。(6) 东晋时，禁令虽然有所松动，但在义熙年间朝廷又下达禁令。由此可见，石兽制作中断了两百余年，至南朝初年，一切都无可循的模式。

可靠的刘宋之物并无其他，因此从造型样式的角度来考察其风格特征是相对困难的。仅以双角麒麟（图1）为例，其体态矮胖，脖颈粗短，四肢健壮，造型风格敦厚古拙。其头部、躯体、四肢各部分似乎尚未明确分化，说明南朝初期的石雕艺术没有完全从对自然材料的依赖中独立出来。与后来南齐石兽相比，初宁陵石麒麟在样式上存在较大的差别，而且无论是造型还是雕刻技法都显得相对稚拙。但是，"石兽头顶的长角、从下颔

图8　齐景帝修安陵独角麒麟翼部

图9　齐金王陈失名陵西侧独角麒麟

图10　齐宣帝永安陵石刻全景

垂至胸前左右各三根的长须，还有翅膀根部的鳞纹都成了以后南朝石兽的基本特征。"[7]

试将初宁陵石兽与前代石兽作比较，我们能看出其风格渊源。初宁陵石兽的风格稍似于四川芦山杨君墓石兽（2世纪中后期，图2）与四川雅安的高颐墓双翼石兽（建安十四年，209年），但其略显笨拙感的造型颇接近于山东嘉祥武氏祠石兽（建和元年，147年，图3）。我们可以推测，南朝初年在恢复两个世纪以前的石兽制作传统时，可资参考的对象也许十分稀少，石雕艺匠在操刀时的程式意识也并没有了然于心。在后来，这种局面逐渐得以改变。

由此可见，初宁陵石兽无疑是陵墓雕刻草创时期的产物。由于刘宋时期现存的石兽仅此一处，其后近六十年间并无任何石刻遗存，所以，我们无法归纳出刘宋至南齐成熟期石兽造型样式演变的轨迹。

事实上，位于当时北朝统治区域内的河南南阳东汉末年宗资墓石兽（图4），造型、样式可以说是相当完善。但由于政权的对峙，南朝初年的艺匠们可能无法得见，所以宗资墓石兽的风格在初宁陵石兽中丝毫没有体现。然而，颇有意思的是，宗资墓石兽的造型风格却在南齐石兽中有充分表现。

（二）南齐（479—502年）陵墓石兽

（1）狮子湾永安陵（479年）[8]

永安陵位于丹阳胡桥狮子湾，为齐高帝萧道成（427—482年）之父宣帝（479年追尊）萧承之（382—447年）墓。两石兽被置于南向神道的东西两侧，东侧双角麒麟，今已残断，长2.95米，高2.75米，腰部和后肢部分残损，后修复。西侧麒麟头颈已毁，体型与东者相当。石兽造型肉丰骨劲，神态矫健彪悍，前足之下，攫一小兽，颇有几分情趣；而兽足下攫小兽的样式可能来自于山东嘉祥武氏祠石兽的启发。

（2）前艾庙景安陵（493年）

景安陵位于丹阳建山前艾庙（今云阳镇田家村），为齐武帝萧赜（440—493年）之墓，于永安陵东南方向。陵前仅存石兽一对，东侧双角麒麟（图5）身长3.15米，高2.1米，体围3米，下颌缺损，双角和左前肢有残损。西侧独角麒麟身长2.7米，残高2.2米，体围2.51米，风化严重，仅存两翼，表面的装饰几乎剥落。

两石兽形体高大，身躯窈窕修长，长颈细腰，胸部突出，呈S形，给人以苗条清秀之感。整体夸张与局部刻画相得益彰，如头部作朵颐隆起，口部略作圆形，额上及四角突出如小翅状的茸毛。此外，头、颈、背、翼装饰繁缛，雕刻技法多样，以圆刀法为主，兼用圆雕、浮雕、线雕法。

我们来考察，狮子湾永安陵、前艾庙景安陵石兽之间的关系。

以永安陵双角麒麟为例，头后仰，胸前突，左肢前迈，腰部上提，瞪目张口，颌须长垂于胸前，左右平分，前端呈圆状卷曲；肩翼前端以弧线组成弯月形，后部羽毛向上后卷，羽毛根部为鳞纹；尾巴下垂于地，向外盘卷。全身饰精美的纹样，多以曲线为之。在整体造型上，永安陵石兽胸部相对厚大，躯体略显粗短，气势较为精悍。

景安陵石兽虽在形体上与永安陵石兽类似，然胸部略小，颈部变长，身体拉长且前后粗细较为匀称。虽然石兽的曲线感相对减缓，且造型的敦厚感有所削弱，但是，整体造型具有一定的瘦劲、秀颀之味，这种变化在后来修安陵石兽上表现得更为明显。

当然，这种变化与河南南阳宗资墓石兽颇有一定关联，颈躯修长，曲张度特大，两者有异曲同工之妙。只是，南齐石兽跟宗资墓石兽相比，双翼的处理更接近平面化、图案化（图6）。

（3）仙塘湾修安陵（494年）

修安陵位于丹阳胡桥仙塘湾，为明帝萧鸾之父景帝（494年追尊）萧道生之墓。陵前神道两侧置石兽一对，东侧双角麒麟，西侧独角麒麟，形体高大，头颈、胸腹屈曲弯折，给人以清秀颀长之感。其装饰繁复，跟南齐初期手法大体相当，对头部茸毛的刻画；对颈部胡须、胸腹部流苏状饰物的描绘更为精细，线条的动势更为明显。

修安陵双角麒麟与永安陵双角麒麟相比，两者虽然体长大致相当，但永安陵石兽造型相对厚重，其胸腹部下垂、重心向前下方倾斜的处理方式，给人以平稳之感。而修安陵石兽由于身体拉长且比较均匀，重心有所提升，胸部更为前突，其所形成的"S"造型更为明显，极具运动感。

前述的所有南齐石兽除翅膀以外，身体表面的装饰都只有前端呈圆状卷曲的长毛，但修安陵石兽羽翅纹的前端呈圆状卷曲的长毛也略有变化，东侧双角麒麟向下卷（图7），西侧独角麒麟则向上卷（图8）。这些细微变化则是一种新趋向，为后来的石兽制作奠定了基本的样式。而且，双翼根部在鳞纹的基础上增加了花瓣图案，这种花瓣纹自永安陵石兽以后都有，为南齐陵

图11　宋武帝初宁陵东侧双角麒麟颌须

图12　齐武帝景安陵东侧双角麒麟颔须

墓石兽的共同特征。[9]

（4）金王陈失名陵（498年）

位于丹阳建山金王陈，据发掘报告称，可能为齐废帝东昏侯萧宝卷陵，[10]后经过考察，此论现已被推翻。近年，日本学者曾布川宽教授经过图像学的对比研究后认为，该墓修建年代在修安陵之后，并比定为明帝萧鸾（452—498年）兴安陵。[11]

金王陈失名陵石兽基本上沿袭修安陵石兽的样式，头后引上昂，体躯拉长，重心升高，只是形体变得略为瘦小。东侧双角麒麟，形体较大，身长2.38米，高2.25米，昂首挺胸，威风十足。西侧独角麒麟（图9）身长2.13米，高1.9米，张口吐舌，双翼如生，极为生动。

通过对狮子湾永安陵、前艾庙景安陵、仙塘湾修安陵、金王陈失名陵的石麒麟的简单考察，我们可以基本掌握了南齐帝陵石兽的基本风格特征。习惯上，中国的研究者大多着眼于南齐石兽大致样式的一般性描述，而日本研究者的方法则显得与众不同，其观察极为细致，研究更为具体，具有较大的参考价值。正如，曾布川宽通过观察、研究发现了南齐石兽表现形式的一个普遍特征：石麒麟不论左右，如果从陵的正面观看，外侧的二肢前迈，内侧的在后（图10），似乎阻挡了观者的视野。[12]这一特点成为他比定南朝陵墓年代的重要依据之一。

曾布川宽还发现，南齐陵墓石兽在一些细节方面的表现手法与刘宋石兽颇为不同，如刘宋初宁陵石兽胸前的颔须分成左右各三根下垂（图11），而南齐陵墓石兽的颔须则表现为在胸前先分为前端卷曲的两缕，之下再有左右各三根分张上扬（图12），且其曲线的弧度、幅度随着时间的推移而逐渐扩大，动感极强；而梁代继承的是刘宋的表现方法。这种现象的出现，或许因在政治上夺权而采取隔代继承的方法而造成的。[13]

（三）萧梁（502—557）陵墓石兽

（1）萧梁帝陵石麒麟

1、三城巷建陵（502年）

建陵位于丹阳荆林三城巷（今云阳镇三城巷），为武帝萧衍之父文帝萧顺之（502年追尊）之墓。石兽均失四肢、角和尾，南侧独角麒麟身长3.05米，残高2米，体围2.7米，缺了头部的前半部分；北侧双角麒麟（图13）身长3.1米，残高2.3米，体围2.76米，四肢现已修复。

这一对石兽基本上继承南齐石麒麟的形式，但与仙塘湾修安陵、金王陈失名陵石麒麟相比，其头部的后仰、胸部的前突、腰部的上拱等显得相对缓和得多，跃动感减弱；而且，由于躯体变短，整体造型似乎回归齐初永安陵石兽风格，具有敦厚、滞缓之感。

然而，与南齐石兽相比，建陵石兽出现了一系列的新倾向：其双翼变得相对短肥、弯月形图案变大，而脊背的连珠纹和全身的卷云、长翎纹样写实性明显减弱，装饰意味明显得到加强并更趋规范化。

需要说明的是，或许由于建陵建于梁朝成立之初，其外侧二肢前迈的方式仍采用南齐的传统。关于这一点，建陵神道柱、龟趺的制作也基本沿袭南齐帝陵的样式。由此可见，作为梁代最初的石兽雕刻，建陵石麒麟体现出南齐向梁代转变时期的过渡性特色。

2、三城巷修陵（549年）

修陵位于萧顺之建陵之北约100米处，为武帝萧衍（464—549年）之墓，现存石麒麟一只，位于神道北侧，体长3.15米，高2.18米，与建陵石兽大小相当，但在形式和造型上却大不一样。

今存南朝陵墓雕刻，有墓主可考并依据艺术风格可定为梁代的，占全部石刻的半数以上，其制作年代多在梁武帝时期。修陵石麒麟（图14）应该代表着梁代石麒麟的成熟风格。其样式一反南齐帝陵、梁初建陵的体例，造型渊源于狮子，其颈部、躯体变短，四肢短而粗，前肢肘部有三角形长毛装饰，而南齐石麒麟的肘部没有这种装饰。而其颏下的垂须方式也与南齐石麒麟不同，仅以左右各置三根长须的方式作之（图15），与刘宋初宁陵石兽的长须表现方式类同。双翼前端的阴刻涡卷纹替代了之前的弯月形（图16），后面的长翎已经消失而变成浅浮雕卷毛纹样。

在装饰技法上，修陵石麒麟明显不同于繁缛精美的南齐石麒麟，虽然圆雕、浮雕、线雕并用，但手法相对简化，造型夸张，体积感增强，总体刻画和局部描述两者兼顾，风格趋向简朴浑厚。这种风格在梁朝王侯陵墓石狮中体现得更为突出，当然石狮的制作年代都在修陵石麒麟之前，其相互之间的影响应该是勿容置疑的。

总体而言，修陵石兽没有南齐陵墓石麒麟所体现出的那种动势和力度，呈现出的则是一种比较稳定的静止形态。这种作风在后面介绍的梁朝王侯墓石狮中有重点阐述。

图13 梁文帝建陵北侧双角麒麟

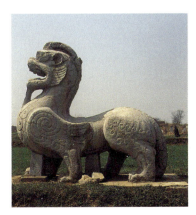

图14 梁武帝修陵北侧双角麒麟

图15 梁武帝修陵北侧双角麒麟颏须

图16 梁武帝修陵北侧双角麒麟翼部

3、三城巷庄陵（551年）

庄陵位于修陵之北，为简文帝萧纲（503—551年）之墓。陵前的石麒麟（图17）已被毁坏，只剩下前躯部分。整体造型基本继承了修陵石麒麟的形式，头大颈短，前肢肘部也以三角形长毛装饰，胸部长毛只是胡须的延长，这种表现方法明显与修陵石麒麟的长须不同；双翼根部的鳞纹凸起，前端翎毛上卷，中间凹成覆式喇叭花形，由此双翼的立体感得到加强。总的来说，石麒麟表现较为夸张，张口瞠目，双翼上扬而具动感，但全身纹样体现出明显的图案化趋向，中规中矩，讲究对称，这应该是工艺装饰程式化的重要表现。

4、陵口石麒麟（约552年）

丹阳陵口镇存有一对残损的石麒麟，隔河东西相对，东侧为双角麒麟，西侧为独角麒麟，体形十分巨大，为南朝陵墓石兽中最大，前述的石兽一般都在2—3米左右，而陵口石麒麟出乎寻常，其长、高度均达到4米，宽约2米。由此判断，陵口石兽的用途可能非同一般，历来的研究者通过文献考证，认为其为当时放置于帝陵区入口处（陵口的地名也由此而来）的仪仗性雕刻。

石兽造型（图18）基本承袭武帝修陵麒麟的样式，头部较大，颈部较短，风格显然没有南齐陵墓石兽的S形表现，动势基本消失，力度相对增加而具一定的笨拙感。然而，全身的纹样化特征得到显著增强：其胸部下垂而左右分开的胡须十分规矩，比庄陵石兽更为精致、规范；羽翼由四小翼拼成一大翼，腹部复衬以羽翅纹，已经不像南齐陵墓石兽那样具有鲜明的曲线感（图19）；前肢的三角形长毛、背部云气纹（图20）呈图案化趋势，极富装饰感。通过与庄陵石麒麟的风格比对，陵口石麒麟应是梁代末年之物。[14]

5、三城巷帝陵

位于梁文帝建陵南60米处，关于墓主人，以往的研究者一致认为是"齐明帝萧鸾兴安陵"，而曾布川宽通过对陵墓石麒麟的风格研究以及文献资料的勘察，推断其可能为敬帝萧方智（554年登基，557年禅位，558年逝世）之墓。[15] 为什么如此认为呢？我们具体考察一下该陵石麒麟的样式特点。

该陵左侧石兽毁损十分严重，只剩下前躯，而且失去了头部、四肢，只可窥其大概。而南侧麒麟（图21）也受到不同程度地损伤，独角已残，尾巴、四肢都为后来所修复，但总体风格没有受到影响。其形体高大，身长 3.02 米，残高 2.78 米，造型与陵口石麒麟十分相似，头大颈短，体势缺乏跃动感。翅膀也由四小冀拼成一大冀，腹部复衬以羽翅纹；体毛的表现方式也与陵口石麒麟基本一致；只是其装饰比陵口石兽更加纹样化，而手法略趋简单，如翅膀根部的鳞纹随曲线浅刻而已，线条力度有所欠缺；背部的体毛也更加样式化，线条组织规整划一，但由于讲求线条的流畅性而颇具韵律感。与陵口石兽相比，一切的制作方式，有过之而无不及，但过分图其形而乏其神，神韵气质存在明显差异，陵口石兽具敦厚稳重之感，而此石麒麟则变得相对呆滞、笨拙。

曾布川宽认为，从样式上考察，该陵的石麒麟与南齐陵墓石兽的样式不符；而且，他还观察了当年朱偰拍摄的照片[16]，石麒麟四肢的迈出方式、前肢肘部的三角形长毛与梁武帝以后的石兽理念如出一辙。当然，这种方式、作风与庄陵石麒麟也极其相似。种种迹象表明，将其比定为梁代末年是比较妥当的。

（2）萧梁王侯陵墓石狮

在前面的论述中，我们考察了梁代帝陵石麒麟的风格演变，但是其如何从南齐末年向梁代的风格转变似乎不甚明朗。由于梁武帝统治时间较长，梁初文帝建陵明显沿袭了南齐传统，而事隔 47 年之后的武帝修陵石麒麟的风格则与建陵乃至南齐帝陵石麒麟存在相当差异，那么，其间的变化到底如何？我们就从梁代王侯陵墓石狮入手，进一步考察其风格的演变轨迹。

实际上，石狮的制作在南齐即已开始，丹阳建山烂石垅失名墓蹲狮（图 22）和埤城水经山失名墓石狮（图 23）一向被认为是南齐末年的产物[17]，狮子造型与梁代石狮相比明显来得修长一些，其造型特征表明其与南齐帝陵石麒麟有着极深的渊源关系，风格相对统一。

后来，梁代继承了南齐的样式，这样的狮形王墓石兽被频繁制作，只是梁代石狮的体型增大了许多，而整体风格也有所变化。

现存可编年的梁代石狮主要有桂阳简王萧融（472—501 年）墓、安成康王萧秀（475—518 年）墓、始兴忠武王萧憺（478—522 年）墓、吴平忠侯萧景（477—523 年）墓、临州靖惠王萧宏（473—526 年）墓、鄱阳忠烈王萧恢（476—526 年）墓、南康简王萧绩（501—527 年）墓等几处，其陵前石狮体型十分庞大，长一般在 3—4 米之间，翘首昂视，张口吐舌，瞠目瞪眼；颈

图 17　梁简文帝庄陵南侧双角麒麟

项短粗肥壮，胸脯前挺圆鼓；双翼巨大平坦，实用功能丧失，前端刻有鱼鳞纹，后端饰以 3 — 6 根不等的毛翎纹；四肢硕大粗壮，长尾下垂曳地，昂然作迈步前行状。艺匠们并不完全追求迈进状态的大跨度，而是着重表现与其形体相适应的稳重感与庄严感。石狮装饰朴实，整体几乎保持着一种未经雕琢的方块状，许多块面的交界处转折方劲有力、干脆利落，而无意于刻画筋骨、肌肉的微细凹凸起伏；并不像南齐帝陵石麒麟那样精雕细镂、华丽工致，而且其体态雄浑平整，也不像南齐石麒麟修长矫健，时代气息相当鲜明。这种手法和风格非但没有损害形象的真实性与生动性，而且有力地增强了作品的体积感、重量感与沉雄的气魄。

应该说，这是梁代王侯墓石兽的总体风格。然而，梁代石狮风格前后还是有细微差别的，萧融墓石狮是目前发现最早的梁代石狮（应该最早，萧融卒于501年，梁于502年4月立国后为其修墓），其造型样式几乎成了后来石狮制作的样板。实际上，梁代早期，石狮造型虽然相当稳重，但其头部后仰，与胸部基本呈一斜切面，而身体较长，躯体底端逐渐上提，因此，从狮子45°角的正斜方看，其头部、颈部、胸部和腹部所构成的曲线张力还是十分明显的，萧融墓（图24）、萧秀墓（图25）、萧宏墓（图26）石狮无不如此。这种曲线感与南齐帝陵、梁初建陵石麒麟多少保持几分相似。从萧恢墓开始，石狮的这种曲线感逐步减弱，稍后的萧绩墓石狮（图27）则身体明显缩短，迈出的前肢有所内收，四肢加粗且高度变短，同时其身长、身高所形成的比例明显变小，所以，石狮内具的曲线张力基本消失而敦厚之感顿生。

梁代后期，王侯墓石狮形体相对变小，身长一般在2.5米左右不等，但稳重感基本没有消失，只是体积逐渐退却，这种状况一直延续至武帝修陵石麒麟的制作之中，梁末建安敏侯萧正立墓（图28）、方旗庙失名墓、侯村失名墓石狮几乎都是如此。但从装饰方面来考察，萧憺墓、萧景墓、萧正立墓、方旗庙失名墓石狮的双翼装饰明显呈越演越烈之势，这种状况与武帝修陵、简文帝庄陵，乃至后来的陈蒨永宁陵石兽的装饰方式共同构成一个连贯的序列。

按照萧恢墓（图29）、萧绩墓石狮造型特征，再来稍稍叙述一下原比定为明帝萧鸾兴安陵、现推断为敬帝萧方智的丹阳三城巷帝陵石兽，其身体变短、而身长、身高比例变小，曲线感基本消失等种种特征，其视觉感受可以说与萧恢墓、萧绩墓石狮以及梁末的一些失名墓石兽基本保持一致，因此，将其比定为梁末是可以成立的。

图18　梁陵口西侧独角麒麟

图19　梁陵口东侧双角麒麟翼部

图20　梁陵口东侧双角麒麟背部纹饰

图21　梁三城巷帝陵南侧独角麒麟

这里，还需要提及的是方旗庙失名墓石狮，据罗宗真先生认为，可能为齐豫章文献王萧嶷（？—492年）墓之物。[18]但据《南齐书》卷四十《竟陵文宣王子良传》记载："初，豫章王萧嶷葬金牛山。"此金牛山，据《乾隆丹阳县志》即为经山，这一带为南齐帝王陵区，可见，罗先生推测有误。我们再考察石狮四肢的制作方式，方旗庙石狮内侧二肢前迈，应该为南齐以后的石兽。其整体造型样式、风格气息与萧正立墓石狮也有许多契合之处，因此可以推测，方旗庙失名墓石狮的制作年代也与萧正立墓石狮大体相当。

我们回头考察梁武帝修陵石麒麟，由于受到陵墓礼制的规定，其造型虽然表面为麒麟形象，而似乎已渗入石狮的部分元素，其双翼的平面刻画较类似石狮双翼。关于修陵麒麟中的狮子因素，研究者一般认为可能与梁武帝的佛教信仰有关。然而，毕竟梁代石狮的建造都在修陵石麒麟之前，其中的相互影响恐怕在所难免；而后来简文帝庄陵、陈蒨永宁陵的麒麟造型明显带有几分修陵石麒麟的影子，只是在装饰上更趋样式化、图案化。

（四）陈朝（557—589）陵墓石兽

（1）石马冲陵墓

石马冲陵墓石兽为无角雄兽。南侧石兽身长2.72米，高2.28米，体围2.56米；北侧石兽身长2.5米，高2.57米，体围2.43米，比一般帝陵的石麒麟稍小，但比前述南齐的丹阳烂石垅、水经山村石狮又大一些，同时比梁代石狮小得多。与丹阳烂石垅、水经山的石狮一样，石马冲石兽昂首张口吐舌，头有鬣毛，长舌下垂，下颔须髯拂胸，腹侧饰双翼，长尾曳地旋转成半圆形。与前三者不同的是，石马冲石兽头部与身躯的比例略小，颈部拉长，似麒麟又似狮子，略带有南齐帝陵麒麟的形态样式和风格特征。

虽然，石马冲石兽一向被认为是陈武帝陈霸先（503—559年）万安陵之物。[19]然而，朱希祖早在1935年从帝陵礼制、文献记载位置等方面就提出了怀疑，[20]近年，曾布川宽则从石兽的造型、风格上也对其表示歧义。[21]因此，将石马冲石兽比定为万安陵之物尚存疑。

据《北史·孝行传》记载，万安陵实际上在陈朝灭亡后遭王僧辩之子王颁破坏，剖棺焚尸，成为轰动当时的大事。"皮之不存，毛将焉附"，尸身都已被"焚骨取灰，投水而饮之"，万安陵则岂能保全，可能早已不复存在。所以，关于石马冲墓主，清代乾隆年间的文人袁枚有《梁武帝疑陵》诗一首对万安陵表示了怀疑："又闻地名石马冲，毋乃陈祖万

图22 齐烂石垅失名墓北侧石狮

安宫。当时须根和骨掘，规模那得还丰隆。是梁是陈语正諆，东风一阵吹烟沙。"[22]

值得说明的是，与南齐石狮一样，石马冲石兽外侧的二肢前迈，这是南齐石兽的一致特点。梁代石兽除了梁初文帝建陵以外，之后的帝陵、王侯陵石兽，不管是麒麟还是狮子，都是内侧的二肢前迈，这是梁代石兽普遍形式，特别是建于502年末的萧融墓石狮采用了内侧二肢前迈的方式，已明确表明梁代在立国后不久即开始一反南齐的传统[23]；而后来的陈蒨永宁陵石麒麟表明陈代也还是沿袭梁代的形式，采用了伸出内侧二肢的方式。曾布川宽考察了其样式特征，石马冲石兽从形式上来看，既不是陈的，也不是梁的，而是南齐之物；特别是南侧石兽"从侧面看，头后仰，胸前突，伸出右肢，头部、颈部、胸部和前肢相当倾斜呈一斜直线（图30），这是南齐石兽的特点；而且它有一种即将发作的动感。"[24]而梁代石兽基本没有这种气势，而具一种迟缓之感。另外，尤其是北侧石兽体型介于麒麟、狮子之间，与梁代石狮有着较大的差别，鬃毛也比梁代石狮来得多，身体较长，表明它似乎是个转型期的过渡形态。

如果将其比定在丹阳的前艾庙景安陵、仙塘湾修安陵石麒麟，烂石垅、水经山前后废帝石狮以及梁萧融、萧憺墓石狮之间的序列之中，说其为齐末梁初之物，应该是合乎逻辑的。因为，就目前掌握的资料来看，在这之前，南齐似乎没有石狮的制作，所以参考现有麒麟的样式当在情理之中，而仅在有无角的问题上也表明，它应该是一个王侯墓。

（2）狮子冲永宁陵

狮子冲永宁陵位于栖霞山西南约2.5公里处，为文帝陈蒨（527—566年）之墓，陵前现存雄性石兽两只，东西相对。西侧独角麒麟体长3.19米，高3.13米，昂首挺胸，正视前方，双目暴突，张口含舌，下颔须髯分5缕飘洒胸前；腹侧双翼，饰有7根翎毛，作振翅欲飞状；左腿前迈，作蓄势待发状；尾巴骨节隆起，骨节两侧装饰有对称的卷云纹，显得苍劲有力，肌丰骨健。东侧独角麒麟（图31）造型与双角麒麟相似，体长3.11米，高3米，只是其身上附有草纹装饰。

这对麒麟整体上取狮子形，凶猛霸悍，其造型、装饰类同于梁简文帝庄陵石麒麟，但头部很大，颈部极短，从侧面看比庄陵石兽更加夸张，而与梁武帝修陵石麒麟极其相似。双翼的处理与陵口、庄陵石兽几乎一样，

图23 齐水经山失名墓北侧石狮

但其表现更趋纹样化、平面化。而全身的装饰也比陵口石兽、庄陵石兽更为复杂、繁缛，图案化倾向十分强烈，表明它在继承梁末陵口、庄陵麒麟的基础上又有了新发展，昭示出陈代的新趣味。但由于陈代统治时间不长，其陵墓石兽基本继承梁代传统，而保持梁代以来一以贯之的雕刻作风。

关于狮子冲石兽，学术界一度认为是宋文帝刘义隆长宁陵之物，虽然朱希祖早在20世纪30年代排除了长宁陵之说，采用陈文帝永宁陵之说，[25] 但影响似乎甚微。可见，宋文帝长宁陵之说可谓根深蒂固，直至20世纪90年代，学术界才普遍采用了陈文帝永宁陵之说。然而，最近又有人为长宁陵之说辩解，虽然其用来作为比定依据的陵口石麒麟与我们需要比定的参照物一致，但他最后得出的结论却恰恰相反，他将陵口麒麟排定为南齐初前之物，而狮子冲石兽则为长宁陵之物，是刘宋向南齐的过渡形态。[26] 笔者并不认同这种观点，经过图像风格学的分析研究，狮子冲石麒麟显示出梁末以后的特征，所以将其定为永宁陵石刻还是比较符合实际的。

二

诚如前述，笔者主要考察了南朝各陵墓石兽大体的样式特征，试图通过具体的形象描绘，来比定各石兽大致的制作编年，并归纳出其中的演变过程。经过这样的考察，南朝陵墓石兽风格演变的大致脉络可以说是已基本呈现出来。

石兽，不管是帝陵石麒麟，还是王侯墓石狮子，均由整块巨石雕刻而成，其造型一般为昂首挺胸，瞪目张口，长舌垂在胸际，肩腹附双翼，长尾曳地，四肢粗壮，一足前迈。美学家王朝闻先生以艺术家的眼光，将南朝陵墓石兽形象地概括为头部、腹部和尾部3个圆弧的优美组合。[27] 以气势、力量胜，应该是汉代石兽的雕刻传统，这在南朝陵墓石兽雕刻中也同样表现得淋漓尽致，而且南朝石兽在技法表现上显得更为成熟，它已初步摆脱了材料、造型的限制，充分发挥想像，使形象日趋完善。这当然只是南朝陵墓石兽的总体特征，由于时代的变迁，南朝各个时代的石兽也存在着较大的差别。

我们可以具体到某个体来进行阐述、分析。纵观从宋经齐、梁到陈的陵墓石兽，雕刻的高峰则在南齐初期的狮子湾永安陵、前艾庙景安陵的石麒麟的创作上。南齐石兽造型发生较大变化，身体修长，肉丰骨健，注重装饰，气势矫健而具空灵之韵。"永安陵石兽的头、胸、身体、四肢各

图24 梁萧融墓东侧石狮

图25　梁萧秀墓西侧石狮

部分写实的准确性、贯穿全体的动势、前凸的大大的胸部的量感等无不表现出其充实和精悍。景安陵石兽下腹部重重下垂，身体稳重，重心很低，比动势更强调的是颈、胸、下腹部形成的优雅曲线和从背经腰到尾部的流畅曲线。这两处石兽是对照性的，并不仅仅是工匠制作的不同，而是由于造型理念的不同造成的。"[28] 之前的宋武帝初宁陵石麒麟属草创期所作，造型凝重，纹饰简单，作风朴拙而缺乏灵气，但其样式被后代继承。当然，南齐的陵墓石兽样式，是从宋文帝刘义隆（424—453年在位）长宁陵样式中来，《南齐书》卷二二《豫章文献王嶷传》记载：上数幸嶷第。宋长宁陵隧道出前路，上曰：我便是入他冢墓内寻人。乃徙其表阙骐驎（麒麟）于东岗上。骐驎及阙，形势甚巧，宋孝武于襄阳致之，后诸帝王陵皆模范而莫及也。

由此观之，由孝武帝刘骏（453—464年在位）于453年兴建的长宁陵麒麟、神道柱制作精巧，成为后世刘宋诸陵石兽的样板和楷模。当然，这种楷模的意义可能包括陵墓形制、石刻制作方式、样式等方面。可见，南朝的帝陵石兽制作从文帝长宁陵开始改良的，后经几次样式变迁而产生了479年较为完美的永安陵石兽形象。

可以说，以狮子湾永安陵、前艾庙景安陵为代表的南齐初期石麒麟造型、样式，与处于草创期的宋武帝初宁陵石兽相比，的确已有相当进展，初步表明南朝陵墓石兽制作已达到一个较为规范、成熟的阶段。之后的梁武帝时期，陵墓石兽的风格为之一变，除梁武帝修陵石麒麟沿袭南齐风格外，石兽形象从南齐强调线条的灵动美转向注重体积感的厚重格例，装饰也以与其敦厚稳重审美趣味相得益彰的朴实简练手法为旨归。以526年萧宏墓石狮为典型，在造型上着意夸张狮子头颈的鬣鬃，强调其雄壮的体魄和粗壮有力的四肢，当然这一方面受到狮子自然形态的束缚（而麒麟属想像中的神物，其形象可以杜撰、发挥），但也不排除梁代中期美术造型理念、审美趣味的影响。

到了梁末、陈代，从简文帝庄陵开始，南朝陵墓石兽的制作已十分重视装饰的作用，以后愈演愈烈。其实，这种从造型表现转为纹样方面的倾斜，在梁文帝建陵石麒麟上已初显端倪。"梁代石兽翅膀的羽毛和身体各部分的毛都开始表现出纹样的独立性，也就是说，相对于立体雕刻内在力量和动势的表现，更重视的是静止的姿势和身体表面的装饰，并渐渐地脱离写

图26　梁萧宏墓东侧石狮

图27　梁萧绩墓东侧石狮

图28　梁萧正立墓南侧石狮

实，陷于夸张的表现和过剩的装饰。"[29]简文帝庄陵石麒麟双翼为相对平面化造型，梁末陵口石麒麟更进一步分化，翅膀、体毛纹样则完全独立，呈现出与身体分离的趋势。陈朝帝陵石兽几乎全盘承袭了梁末石麒麟的制作方式，由梁代后期确立的纹样化倾向在陈文帝永宁陵石麒麟身上得到进一步加强，身体遍布规矩的云气纹，更趋繁缛复杂但极为规整统一，装饰趣味达到极致。这可以说是大多数艺术门类的发展规律之一，艺匠们在造型上于一定的时间内无所突破之时便在纹样装饰上费劲心思，争取有所新意。

从上述的分析，我们可以管窥南朝陵墓石兽雕刻造型、风格变迁的发展轨迹。那么，南朝陵墓雕刻为什么会出现这种造型、样式的变化呢？我们不得不将南朝陵墓石兽放置到整个魏晋南北朝陵墓雕刻制度、美术历程的历史范畴中进行讨论。

三

陵墓神道雕刻是在中国古代石刻中占有较重比例、具有相当艺术价值的大型石雕作品，一般集中、对称地列置于帝王、贵族陵墓神道两侧，既有表饰坟垄、以壮瞻观的效用，又有很强的仪卫性、导谒性特征。完备的陵墓石刻制度曾经历过一个漫长的发展演变过程，如果说我国的陵墓石刻起步于秦汉、完备于盛唐的话，南朝陵墓雕刻则恰处于宏观的大系统中一个重要的转折点上，在中国陵墓雕塑史上具有承上启下的作用。

从陵墓雕刻的主题内涵和组合构成看，两汉时期因墓主人等级的高低、职守的区别而有不同设置。以最具雕塑艺术价值的石兽为例，题材多有不同，且数量、组合不一，说明东汉陵墓制度尚未形成统一的制度。到了魏晋南北朝时期，陵墓雕刻则有显著发展，不管其组合形式还是其设置规模，都有基本统一的阵容和相对固定的形式，它较之东汉陵墓的以一对为常而显宏大、较之唐代帝陵的数十对之多则显单薄，具有明显的过渡性特征。然而，其等级已有严格的规定，帝陵置麒麟，王侯墓设狮子，充分表明当时的陵墓雕刻开始步入制度化、规范化的轨道。况且，魏晋时期未有陵墓雕刻存世，北朝也极为少见而不成系统，因此，南朝陵墓雕刻理所当然地成为承汉制以来发展的最为完备的陵墓制度的实物展示，并成为魏晋南北朝时期陵墓雕刻的典型代表。

当然，南朝石兽上溯汉代，轨迹清晰可寻，先前的阐述已经论及。汉代圆雕技法相对有限，多呈现出古拙、粗犷之风，影响所及，南朝初期石

图29 梁萧恢墓东侧石狮

图30 石马冲南侧石狮

雕也基本保持这种朴素的风貌。

以石兽为例，南朝石兽在继承东汉石兽造型特点的同时以其高大体量获取了东汉石兽所无法企及的恢宏效果。东汉石兽长度一般在一米左右到两米有余，南朝石兽的长度则多在两米以上，这种变化在一定程度上体现了特定的审美需求的变化。"一方面，东汉石兽通常列于阙前直接与祠堂、阙、碑、柱发生造型联系以作为群体的部分，在这个组合中上述长度是最佳审美尺度；而在南朝，新的简捷明快的组合形式以兽、柱、碑三种构成对称群体，神兽在这个群体中不仅作为主题占据最显著的位置，而且要与山陵神道发生直接的审美关联，尺度当然要求高大。"(30) 如上文所引《豫章文献王嶷传》记载，典型意义上的南朝陵墓石兽造型受到湖北襄阳地区前代样式的直接影响，因此，我们还可从更深的内在动因分析其风格特征及美学内涵。目前，已有研究者从地域文化的角度分析了其深层的文化因素，"南方楚文化的神秘灵异气息熏染下的石雕艺术不断强化'神'的一面，强化的主要手段除增强表饰效果和姿态效果外就是扩张尺度。这种特点不能不说与楚文化渊源有关，这也是南朝陵园石雕强调'神'的内容取消人的内容而有别于北朝的重要原因。"(31) 这种造型观念为后来的唐代石雕扩张尺度、强化表饰和姿态效果提供了基础，但其具体造型样式对后世陵墓雕刻影响相当有限。

虽然，南朝有翼石兽风靡一时，可能与东汉以来长生不死、羽化升仙思想、歌颂人君祥瑞的观念有千丝万缕的联系，如再上溯其本源，又似与巫术文化有一定关联，成书于战国的神怪鬼异之书《山海经》屡有有翼神兽之记载。据考古发掘表明，有翼神兽的相关文物也在战国时期出现，19世纪70年代河北中山王墓出土的两件有翼神兽铜雕（图32），其基本形态与南朝石兽类似。因此，说它是汉代、南朝之际大型陵墓翼兽雕塑之源，应该是合乎逻辑的。

实际上，中国文化早在春秋战国时期，形成南北文化的地域品格，虽然秦汉的大一统使这种差异渐趋模糊；但是至魏晋南北朝时期，南北对峙的政治格局再次使固有的南北差异得到加强。伴随着南方经济力量的上升，南方文化的影响力也逐渐增强。当时的南北文化都是崭新的，"在北方，中原文化吸收了大量五胡文化乃至西域文化因子后形成了刚健、质朴而重实利的特色；在南方，南渡衣冠带来了排山倒海般的中原士族文化，本来试图在江南复制一个北方士族圈子，却在不知不觉中被江南秀丽怡人的自然环境和优裕的物质条件所改造，由此而阴柔化、轻淡化，重义理的正始玄学也变成了好清谈的中朝名士。"[32] 其实，这种南北文化差异，体现在一些文学家、艺术家不同的个人风格上，体现在众多无名艺术家的创造上，更体现在不同的思想方法和人格气质上。

基于以上原因，南北两地的陵墓雕刻在题材、风格和配置上也存在着显著的地区性差异，虽然它们都启发于汉代的固有传统。在北方，自文明皇后冯氏建大型陵园始，北魏恢复了东汉陵墓前设置石阙、石兽、石碑等雕刻群的制度，并增加了石人的制度。如果从现存遗迹综合归纳看，北朝陵墓雕刻包括有石人、石兽、石柱（阙）、石碑等品类，基本继承了汉代礼制，而在具体造型上有所发展，如石人的高大劲挺、蹲姿石兽凶猛威武，石柱与阙结合而产生柱顶立阙顶式构件的形式；同时，北朝陵墓雕刻风格也直接取法汉代石雕，以粗犷、朴拙为特色，如现存于陕西省博物馆的西魏文帝永陵立姿石兽（大统十七年，551年）造型圆浑朴实，无丝毫装饰刻画（图33），与汉代雕塑十分相似，而先前十六国时期的石马（大夏真兴六年，424年）更是如此，古拙之风跃然而出（图34），与西汉霍去病墓前的大型石雕有异曲同工之妙（图35）。

然而，北朝的这种陵墓雕刻样式在南朝陵墓中少有发现，其一不设石人像，其二鲜见蹲狮形象（多为走狮）；同时，南朝陵墓石兽的造型风格也与北朝石兽大不相同。北朝石狮多作蹲踞姿态，其造型特点、风格样式直接为唐代陵墓石兽所继承和发展。尽管唐人十分重视学习南朝的文化艺术传统，但其墓前石兽与南朝陵墓石兽并没有多大的关联，这是一个引起注意的历史现象，值得进一步深究。

但是，这也不能说南朝陵墓雕刻对后世丝毫没有影响。事实上，梁代石狮风格对唐代陵墓石兽显然有着一定影响。如唐初武则天之母杨氏顺陵石狮（图36），体形庞大，作阔步缓行的动态，气势磅礴，风格雄伟，其造型特征具有明显的梁代石狮形式因素，只是在形象的刻画上，淡化了狮子凶猛的一面而着重强调其温顺、和缓的描绘。

由于，后来的李唐王朝完全均承袭了北朝陵墓的石人、石神造型和组合思想以及相关的礼仪、典章制度，因此，南朝石兽造型、组合形式等样式随着南朝的灭亡而基本终结。从美术的角度来比较两者造型风格的渊源关系，北朝样式比南朝带有更多的汉代造型的形式因素，南朝样式则突出夸张

图31 陈文帝永宁陵东侧独角麒麟

图32 战国 错金银双翼神兽铜雕

图33 西魏 文帝永陵立姿石兽

图34 大夏 石马

了汉代造型的神秘灵异气息的一面。虽然，南朝陵墓雕刻对后代陵墓雕塑造型模式、设计思想的形成、完备产生的影响相当有限，但是，南朝陵墓雕刻上承汉代、下启隋唐，或造型风格，或设计理念，或礼仪制度，都不失为转型期的过渡特色，在中国陵墓雕塑史上理应占有一席之地。

四

南北朝时期，是秦汉之后中国古代雕塑史上又一个重要的发展阶段。随着佛教的传播，雕塑艺术得到长足发展，无论作品的规模和数量，还是艺术技巧，都不同程度地超过了秦汉时期。

当时，佛教雕塑居于首要地位。雕塑艺术的演变、发展与成就，在佛教美术中表现得最为突出。佛教雕塑艺术在固有的民族传统基础上，大量汲取、借鉴印度佛教艺术的制作经验与表现技法，雕塑艺匠按照中国人的理想愿望、审美趣味，创造出具有民族化、世俗化的佛教形象，大大丰富了雕塑艺术的表现语言，提高了雕塑艺术概括生活的能力。因此，佛教雕塑的演变、发展，有力地影响着其他雕塑门类的演变和发展。

在南方地区，自东晋以来，佛教雕塑日益兴盛，并伴随着风流名士、高僧大德的参与，雕塑艺术出现了新倾向，文人意识、世俗趣味开始显现。东晋的戴逵(约326—396年)、刘宋的戴颙(377—441年)隐居不仕，潜心艺事，惨淡经营，千锤百炼，为雕塑艺术注入了新的活力和趣味；齐梁间僧祐(445—518年)以佛教史学家的身份从事雕塑的设计，"为性巧思，能目准心计，及匠人依标，尺寸无爽"，[33]主持南京栖霞山石窟造像（图37）、浙江剡县宝相寺弥勒佛的制作，与石雕工匠的具体施工密切配合，取得了良好的效果。应该说，他们的雕塑活动是个自觉的过程，其创作的具有个性化、中国化的佛教造像很快被奉为典范，遍及南朝各地，并逐渐北进，影响于北方的石窟造像。

受此熏陶，作为门类之一的陵墓雕塑，特别是经过改良后的石兽在南齐达到了历史之巅峰，制度完备，也显露了当时佛教雕塑艺术的趣味，表现出南齐美术"秀骨清像"之风的特点。虽然，"秀骨清像"原是唐代张怀瓘对南朝陆探微人物画风格的评价，集中体现了当时人们的审美趣味；但作为一种审美观念，其不可能于绘画中单独存在的，再则中国古代历来画塑结合，绘画风格与雕塑风格紧密联系，故也理所当然地作用于佛教造像的风格。

　　尽管，这种"秀骨清像"的雕塑风格，主要运用于当时南方的佛教雕塑中，但是，陵墓雕塑不可能完全处于封闭的状态之中，其与宗教雕塑活动必定保持着密切的联系。在古代，作为手艺人之一的雕塑工匠社会地位极其低下，其艺术创作活动被视为"厮役"之务，而且他们的活动往往带有家族作坊制的特点，具有一定的范畴概念。作为手艺谋生的手段，他们虽然在相对固定的范围内从事工艺活动，但由于宗教雕塑（特别是石窟造像）、陵墓雕刻属于同一行业，石雕工匠们不可能仅仅从事单项活动。因此，两者之间或多或少的联系应该是顺理成章的事情，譬如，南齐永明年间（483—493年）的名石匠雷卑石雕造佛像，但也不排除从事陵墓雕刻的可能性。再则，由于雕塑艺匠的家族经营造就了雕塑技术、风格在封闭的家族范围内流传、承袭，却保证了其相对的纯正性，其艺术经验、心得体会，大多通过父子、师徒间的口耳相传，应目会心的形式得以代代相传。因此，南朝陵墓雕刻，特别是梁代石兽风格的相对统一，也就不难理解了。

　　所谓"秀骨清像"表现的是一种清秀瘦削、修身细腰的人物形象，这种风格着重于通过对人物形象的刻画来反映人物内在的超凡脱俗的气质、潇洒飘逸的风度；从艺术表现手法上考察，则主要以细劲流畅的线条来展示，"一笔画，连绵不断"、"所谓笔迹周密也"[34]。这种风格由东晋顾恺之创立，经宋、齐之时陆探微进一步发展，风格相当成熟，风靡江南，尤以1961年南京西善桥齐末梁初贵族大墓出土的"竹林七贤与荣启期"模印砖画（图38）最为典型。

　　当然，这种风格是魏晋以来佛教雕塑与门阀士族的清谈玄学相结合后出现的世俗化、民族化的中国风格，反映了东晋、南朝时期江南士族的审美习尚和美学思想。南朝社会风气使然，受其熏陶下的雕塑家定会以此为风格基准进行创作，南齐陵墓石兽的风格特征必定如此。同样道理，后来梁代陵墓石兽的风格嬗变也是如此。

　　如果以确考的仙塘湾齐景帝修安陵和疑为和帝萧宝融（488—502年）的吴家村恭安陵出土"羽人戏虎"模印砖画（图39）来对比分析，就更具说服力。显然，人物、动物的形象表现全部以线来完成，线条细劲流畅，线质绵长连贯，不仅轮廓勾画准确，而且轻快而充满弹性。这种遒劲流丽、气息连贯的线条表现、近乎变形的瘦长躯体形象于南齐帝陵石麒麟中也有生

图35　西汉　霍去病墓石马

动反映。石兽造型呈现出修颀优美的发展之势：上脊下腹拉长，体围趋向匀细，头、颈、胸、腹构成的弧线和脊背、尾部构成的曲线组成了完美的线条组合，强调动势，使线的魅力得到了高度发挥；至于兽身上的纹饰也恰如其分地追求线条表现，南齐永安陵、景安陵、修安陵石麒麟无不如此。再就动物形象来说，石麒麟与砖画中虎的造型相当接近，如果把麒麟的瘦长身躯再适当拉长，简直与其如出一辙。

到了梁代，社会审美风气发生新的变化，就绘画方面，人物形象向肥胖型发展，面型趋于丰圆而略短，体态丰满而有肉感，表现出衣裳包裹下肉体的温馨。这也就是唐代张怀瓘《画断》评论梁代张僧繇所说的"像人之美，张（僧繇）得其肉"。北宋米芾《画史》："（张僧繇）画女像面短而艳。"这种"面短而艳"的风格，相对于"秀骨清像"风格的超凡脱俗、俊秀飘逸、允满睿智的"神明"特征而言，更接近于现实生活。从艺术表现手法方面考察，这一风格用笔疏简，"笔才一二，象已应焉"、"笔不周而意周"，(35) 所谓"疏体"画，迥异于"秀骨清像"的"密体"。

"面短而艳"风格自张僧繇正式确立后，作为一种新兴的迎合南朝后期社会人物审美趣味的人物造像样式而迅速风靡，并很快取代了"秀骨清像"样式，影响、渗透至整个梁代的绘画和雕塑，且下及于唐代前期，更向丰肥雍容的形貌发展（图40）。

受时风影响，梁代陵墓雕刻在南齐之后发生了相应的变化。然而，一种风格的转变绝不是一蹴而就的，它的形成受历史、时代、社会多方面因素的影响，应该有一个循序渐进的过程。梁初文帝建陵基本沿袭南齐末年的传统，但麒麟的身体已相对变短，曲线运动感也明显减弱。当然，这种细微的转变在齐末就已产生。而梁代中期以后，"面短而艳"之风（可简单地理解为"敦厚丰满圆实"之风格）基本引导陵墓石兽的制作。

我们还是以麒麟为例，梁武帝修陵石麒麟敦厚之风自不待言，其后陵口石麒麟、比定为梁敬帝墓（原定为齐明帝兴安陵）的石麒麟尽管受到瑞兽造型观念的影响，但其躯体变宽变短，形体厚实，动物形象以造型取胜，而不像南齐石兽以线条博彩，由于腹部下垂而重心下降，头部相对前倾、胸部略收而线条感所剩无几。这种风格，在王侯墓的狮子造型上，更是一览无遗。虽然，狮子形象有取材于自然形体的成分，但艺术创作不等于现实生活，这里更多的是造型观念和审美趣味的问题。我们可以将梁代石

图36　唐　顺陵石狮

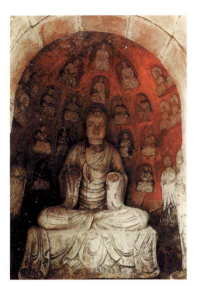

图37 商朝 栖霞山石窟造像

狮造型与丹阳水经山南齐石狮造型作对比，很明显，水经山石狮的躯体偏长，胸部前倾下垂而腹部提升，头部略昂、脊背下凹而尾部急剧下收，其蕴涵的线条意味明显比梁代石狮更为强烈；而梁代石狮整体造型饱满圆实，四肢粗壮，腹部曲线弧度极小，头、颈、胸、前腿几乎呈斜直线，后腿与臀部几成直角，这一系列的组合都构成"敦厚风格"的重要因素。我们再可以梁代中期的萧景墓碑上的礼佛童子像（图41）为例，其面部丰满，衣纹简练稀疏，真切地体现了"面短"的"疏体"风格，同样说明了这种造型理念的强大渗透力。

结　语

综观南朝陵墓雕刻，尤其是其中起了最重要作用的石兽，那雄健壮伟的身躯、体态，轩昂豪迈的气概以及巨大的体积感和沉雄的重量感，都给人予强烈的震撼力。不难想见，它们当年在陵墓建筑群中，占据何等重要的、特定的地位和作用。南朝陵墓石兽以其较为庞大的体量，与石碑、石柱共同构成了庄严肃穆的气势。就雕刻手法而言，南朝陵墓石兽与秦汉石雕相比，取得了显著进展，雕刻由简而繁，纹饰由朴素而精美，圆雕、浮雕、线刻等多种技法交替运用，并达到了完美的艺术效果。刘宋雕刻尚用方刀法；至齐、梁时期雕刻则多用圆刀法，并注意圆雕、浮雕和线雕的灵活运用，其艺术表现较刘宋为充分；尤其到了陈代，其刀法已是名副其实的圆雕，能很好地解决了形体结构多面观的问题，石雕无论从哪一个角度都给人以明确生动的实体形象，在技法上，能纯熟地运用凹凸起伏来刻画细部，而且能较准确地掌握对象的比例和结构，进行较完整的圆雕塑造，运用夸张的手法突出对象的神态，不仅如此，石兽整体和局部的造型都十分和谐，加之得体的装饰线条，形态动势所显示的节奏感，构成了鲜明的形体美与匀称感。这与汉代石雕往往只是雕琢出粗略形象的做法相比，完成了从拙朴凝重向矫健灵活的转变，在雕刻技法上可以说是取得了一次标志性的飞跃，使得中国雕塑艺术发展到了成熟的境地，并对后世的石雕艺术产生重要影响。

由此可见，南朝陵墓雕刻在中国雕塑史上占有举足轻重的地位，它也是世界雕塑艺术史上的闪光点，它的存在对研究中国雕塑艺术的发展、演变具有极为重要的价值。

注释：

（1）　本文的写作思路主要参考了日本京都大学人文科学研究所教授曾布川宽的长篇论文《南朝帝陵的石兽和砖画》（南京大学傅江博士译成中文，以《六朝帝陵——以石兽和砖画为中心》为题，于2004年9月由南京出版社出版），运用图像学的艺术史研究方法考察南朝陵墓石兽的样式、造型和风格，分析其演变的规律。在行文中，笔者采纳了曾布川宽教授的部分观点，诸如若干陵墓的断代、石兽风格阐述以及一些细微的样式特征描述，多在文中做了注释。在这里，谨向曾布川宽教授、傅江博士致谢！另外，诸多前贤的研究成果对写就此文也起了很大的作用，在此一并表示感谢。

（2）　该文载于《人民日报·华东新闻》2005年1月28日，第2版。

（3）　《三国志·魏书》卷二，"文帝纪二"。

（4）　可参见朱希祖《天禄辟邪考》，（载朱希祖、滕固编《六朝陵墓调查报告》，南京：中央古物保管委员会，1935年8月）、朱偰《建康兰陵六朝陵墓图考》（上海：商务印书馆，1936年）、姚迁、古兵编著《六朝艺术》（北京：文物出版社，1981年5月）、杨宽《中国古代陵寝制度史研究》（上海：上海古籍出版社，1985年2月）、刘敦桢主编《中国古代建筑史》（北京：中国建筑工业出版社，1980年）、林树中编著《南朝陵墓雕刻》（北京：人民美术出版社，1984年8月）等著述。

（5）　《宋书》卷十五，"礼志二"记载，汉以后，天下送死奢靡，多作石室石兽碑铭等物。建安十年，魏武帝以天下凋弊，下令不得厚葬，又

图38　南朝　竹林七贤与荣启期模印砖画 拓片之一

禁立碑。

（6）　《宋书》卷十五，"礼志二"记载：晋武帝咸宁四年，又诏曰："此石兽碑表，既私褒美，兴长虚伪，伤财害人，莫大于此。一禁断之。其犯者虽会赦令，皆当毁坏。"至元帝太兴元年，有司奏："故骠骑府主簿故恩营葬旧君顾荣，求立碑。"诏特听立。自是后，禁又渐颓。大臣长吏，人皆私立。义熙中，尚书祠部郎中裴松之又议禁断，于是至今。

（7）　曾布川宽著、傅江译：《六朝帝陵——以石兽和砖画为中心》，第10页，南京：南京出版社，2004年9月。

（8）　这里有必要提及赵家湾石兽，距狮子湾墓西近500米，据朱希祖调查，该地存有两只无头石兽，但于1968年被毁（见姚迁主编：《江苏文物综录》，第38页，1988年10月）。根据史料记载，此墓也为帝陵。自朱希祖以来，人们一般都认为狮子湾是宣帝永安陵，赵家湾为高帝泰安陵。然而，曾布川宽根据当时的尚右的观念，对此提出怀疑，认为两者的左右位置关系应该对调：赵家湾是宣帝永安陵，狮子湾为高帝泰安陵。究竟其具体关系如何，不是本文所讨论的范围。不管如何，两者均为齐代前期石刻，时间均在前艾庙景安陵之前，不会影响笔者南朝陵墓雕刻演变轨迹的分析阐述。从朱偰拍摄的照片观察，赵家湾石兽（图42）有着庞大的胸脯，呈圆球状朝前突出，颔下卷须垂于胸前，肩部的长翼呈跃动的大弧线，与狮子湾石兽相差无几（见曾布川宽：《六朝帝陵——以石兽和砖画为中心》，第

图38　南朝　竹林七贤与荣启期模印砖画 拓片之二

15—17页）。这里为了叙述的方便，仍采用旧说。

（9）　这些精微的描述得自于曾布川宽教授的细致观察，这种特征对分析南朝石刻的风格是极为重要的。在这里，笔者重复了曾布川宽教授的观点。具体参见曾布川宽：《六朝帝陵——以石兽和砖画为中心》，第23页。

（10）　南京博物院：《江苏丹阳县胡桥、建山两座南朝墓葬》，《文物》1980年第2期。

（11）　曾布川宽：《六朝帝陵——以石兽和砖画为中心》，第27页。笔者也赞成此说，将金王陈失名陵比定为南齐帝陵。

（12）　曾布川宽：《六朝帝陵——以石兽和砖画为中心》，第28页。曾布川宽观察发现，而宋初宁陵石兽、梁代陵墓石兽却与南齐陵墓正好相反，即宋、梁陵墓石兽内侧的二肢前迈。他认为，这应该是不同时代墓葬的表现形式，也是陵墓比定中一个重要的因素。正是据于这个因素，他将否定了丹阳三城巷帝陵之一的齐明帝萧鸾兴安陵之说（其外侧的二肢前迈），并将其认定为梁代的产物。笔者也接受了这种新观点。当然，这一陵墓石兽的风格也呈现出梁代的样式特征，这在下文探讨。

（13）　参见曾布川宽：《六朝帝陵——以石兽和砖画为中心》，第28页。这种隔代继承的现象在后来的绘画领域表现得较突出，如元代摒弃南宋院体、倡导晋唐传统，明初反对元末文人画，取法南宋马夏之风等等，当然这包含了前代风格百弊横生的重要因素，事实也是如此。人们只是以学习古法而反对近世之弊，以期达到变革、创新之目的。然而，南朝陵墓雕刻也许没有涵盖这层意义。而梁代，是萧氏皇族

图39　南朝　吴家村失名墓"羽人戏虎"模印砖画

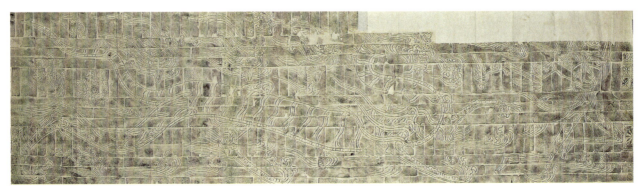

图40　梁普通四年　成都释迦立像龛

图41　梁萧景墓碑额礼佛童子像拓片

内部的政权更替，其政治意义上对南齐的反叛意识和抵触情绪就不得而知了。在这里，笔者只是作了一个小小的类比。

（14）曾布川宽从样式学的角度将其建造定为大宝三年（552年）简文帝葬礼前后。见曾布川宽：《六朝帝陵——以石兽和砖画为中心》，第49页。

（15）参见曾布川宽：《六朝帝陵——以石兽和砖画为中心》，第51—53页。

（16）朱希祖、滕固编：《六朝陵墓调查报告》图十七，中央古物保管委员会，1935年8月。

（17）朱希祖和朱偰都认为它们是前废帝萧昭业和后废帝萧昭文墓前之物（大约建于494年）。按照南朝陵墓礼制，废帝遵王礼，兽为无角的狮子型。后来的研究者一般都认可这种观点。

（18）罗宗真：《六朝陵墓及其石刻》，《南京博物院集刊》第1集，1979年。

（19）可参见朱偰：《建康兰陵六朝陵墓图考》，第45—46页；姚迁、古兵编著：《六朝艺术》，图版99—103；罗宗真：《六朝陵墓及其石刻》，第86页；以及梁白泉主编：《南京的六朝石刻》（南京：南京出版社，1998年5月），第65—67页。

（20）朱希祖、滕固编：《六朝陵墓调查报告》，第39—42页。

（21）曾布川宽：《六朝帝陵——以石兽和砖画为中心》，第54—57。

（22）转引自卢海鸣：《六朝石刻在南京的遗存现状》，见梁白泉主编：《南京的六朝石刻》，第67页。

（23）内侧二肢前迈的方式不是梁代石兽普遍采用的绝对形式，梁前、中期的萧憺墓前的石狮则是：外侧二肢前迈，不知何故，采用南齐的传统，但综合考察雕塑风格，该石狮从侧面看，头后仰，胸前突，伸出右肢，头部、颈部、胸部和前肢相当倾斜呈一斜直线，其中内蕴的那种动势与力量，与南齐石兽保持几分相似。至少可以说，它与梁代中、后期石狮相比，那种动感来得较为明显。因此，曾布川宽以四肢迈出的方式特征来推断石兽的制作年代的观点不是绝对的。

（24）曾布川宽：《六朝帝陵——以石兽和砖画为中心》，第56页。

（25）朱希祖：《六朝陵墓调查报告书》，载《六朝陵墓调查报告》，第11—13页。

（26）陈锽：《六朝石刻艺术略论》，《新美术》2001年第1期。最近，王志

图42　齐赵家湾石兽

高在《梁昭明太子陵墓考》（载《东南文化》2006年第4期）一文中，将狮子冲陵墓推测为梁昭明太子萧统安陵。此论还有待进一步探讨。

（27）　王朝闻：《虚幻的真实——梁代石辟邪写生》，载梁白泉主编：《南京博物院藏宝录》，第263页，上海：上海文艺出版社、香港：三联书店（香港）有限公司，1992年8月。

（28）　曾布川宽：《六朝帝陵——以石兽和砖画为中心》，第143页。

（29）　曾布川宽：《六朝帝陵——以石兽和砖画为中心》，第144页。

（30）　王鲁豫：《唐陵石雕艺术研究》，见《中国雕塑史册Ⅴ·唐代石雕艺术》，第7页，北京：学苑出版社，1989年11月。

（31）　王鲁豫：《唐陵石雕艺术研究》，第7页。

（32）　邵彦编著：《中国绘画的历史与审美鉴赏》，第59—60页，北京：中国人民大学出版社，2000年7月。

（33）　梁·慧皎：《高僧传》卷十三。

（34）　唐·张彦远《历代名画记》卷二，"论顾陆张吴用笔"。

（35）　唐·张彦远《历代名画记》卷二，"论顾陆张吴用笔"。

近百年来南朝陵墓神道石刻研究综述

邵 磊 管秋惠

六朝时期，由于黄河流域爆发持续战乱，大量生产人口和先进技术相继南徙，使南方经济得到迅速开发，并有力促进推动了文化艺术的兴盛和发达。作为六朝造型艺术杰出代表的南朝陵墓神道石刻，在承继汉魏石雕艺术作风的基础上，积极借鉴、汲取中原北方和海外艺术的文化内涵，获得了重大发展，其雕刻手法渐趋精丽细致，在保持了汉魏雕塑特有的雄浑拙厚的恢宏气度之外，又以极其丰富的凹凸有致的曲线构成，展示出矫健灵动与典雅秀逸完美融合的时代特征，充溢着内在的坚实力量和旺盛的生命力，堪称中国雕塑史上承前启后的经典之作。

对南朝陵墓神道石刻进行整体调查与研究，始于曾任上海徐家汇司铎的法国人张璜，他于民国十二年（1923年）以法文撰成的《梁代陵墓考》（Tombeau Des Liang），可谓开山之作。继而，朱希祖、朱偰、滕固、罗香林等学者编撰的《六朝陵墓调查报告》，堪称集大成之作。近数十年来，随着六朝考古工作的开展，有关南朝陵墓神道石刻的新发现与研究成果层出不穷。在此基础上，为了充分阐扬南朝陵墓神道石刻所蕴涵的历史价值、艺术价值与科技价值，对近百年来的相关研究成果作一番总结回顾，以便为今后的研究和保护工作提供参照，是很有必要的。

一、南朝陵墓神道石刻的称谓与艺术源流

所谓神道，意为墓路，而神道石刻即设立于神道两侧作为陵墓标志的石刻。南朝帝王陵墓在封土前的平地上开辟神道，在神道两侧对称列置石刻，已发展成为固定的埋葬制度。综合文献记载和实地调查的情形来看，南朝陵墓神道石刻的排列组合既有作石兽1对、石柱1对、石碑1对的3种6件制，如梁临川靖惠王萧宏墓；也有作石兽1对、石柱1对、石碑2对的3种8件制，如梁安成康

梁萧秀墓西侧全景

齐景帝修安陵东侧独角麒麟

齐景帝修安陵西侧双角麒麟

梁萧景墓石狮

王萧秀墓和梁始兴忠武王萧憺墓；也有作石兽 1 对、方形石础 1 对（础上结构已失），石柱 1 对、石碑 2 对的 4 种 8 件制，如梁文帝萧顺之建陵；还有仅作 1 对石柱的，[1] 如南京栖霞区尧化门北家边萧梁宗室墓。

（一）石兽

南朝陵墓神道石兽均成对配置，不论形体大小，皆昂首挺胸，张口露齿，腹侧饰双翼，造型夸张适度。其中，帝陵前的石兽，头顶有独角或双角，长须垂胸，四肢前后交错，体表雕饰繁缛华丽，体态健劲灵动，韵律感十足；王侯墓前的石兽，头顶无角，鬃毛下披，长舌多外垂至胸际，舌尖微卷，体态雄浑肥硕，气势威猛。

关于石兽的称谓，历来众说纷纭。朱希祖《天禄辟邪考》[2] 认为帝陵前的独角石兽为"天禄"，两角石兽为"辟邪"，并将它们总称为"桃拔"，称王侯墓前的无角石兽名为"符拔"或"扶拔"，与"桃拔"同类。然而在其《六朝陵墓调查报告书》中，也仍还是循俗将帝陵前的有角石兽统称为"麒麟"，将王侯墓前的无角石兽称为"辟邪"。[3]

朱偰《建康兰陵六朝陵墓图考》[4] 则以独角石兽为麒麟，双角石兽为天禄，无角石兽为辟邪。此一观点流传最广，姚迁、古兵编《南朝陵墓石刻》和罗宗真《六朝陵墓及其石刻》皆沿袭之。[5]

林树中《南朝陵墓雕刻》对朱偰所云不以为然，而基本认同朱希祖的观点，只是认为朱希祖将无角石兽称为"桃拔"有不够通俗之弊。[6]

刘敦桢在《中国古代建筑史》中认为，南朝帝陵前用麒麟，贵族墓前用辟邪，[7] 杨宽《中国古代陵寝制度史研究》从其说，[8] 显然仍是受朱希祖《六朝陵墓调查报告书》的影响。

由于南朝陵墓神道石兽是根据人们的想像创造出来的瑞兽，在现实生活中并不存在，故为之正名，还需从文献记载入手加以考察，但由于各人对文献的理解不尽相同，歧议在所难免。但即便是早期的文献，对南朝神道石兽的命名，也多有混淆，如《梁书》卷三《武帝纪》叙梁文帝建陵石兽震动事时，称之为"石骐驎"，然同一史事，《南史》卷七却写作"石辟邪"；《隋书·五行志》记建陵石兽名为"石骐驎"，但同书记其他事件时却又称之为"辟邪"。《梁书》、《南史》、《隋书》皆出唐人之手，可见至迟到唐朝，人们对天禄、辟邪在概念上的理解与形象上的认识已经含糊不清了。而《旧唐书·礼仪志》载梁大同年间武帝萧衍拜谒建陵时，对身边侍臣说："陵阴石虎与门俱创二十余年，恨小，可更造碑、石柱、麟"。同一段话中，既称"石虎"，又称"麟"，真令人有莫衷一是之感。这样一来，出于南朝史学家萧子显所撰《南齐书》卷二二《豫章文献王嶷传》中有关刘宋文帝长宁陵神道石兽称谓的记载便显得极为重要了，该段文献不仅称长宁陵石兽为"骐驎"，并云及"后诸帝王陵皆模范而莫及"，故此将南朝帝陵前的石兽称为麒麟当无不妥。

南朝王侯墓前的神道石兽，外形似雄狮，狮子为佛教中的护法神，有辟除邪祟之功，而"辟邪"一词，见《急就篇》卷三，与"除群凶"连言，本来也有祛除邪魅之意，这样看来，将南朝王侯墓前的狮形石兽称为辟邪似乎亦无不可。但实际上，以出土的实物形象来看，所谓辟邪与南朝王侯墓前的无角狮形石兽在形象上是有很大区别的，如浙江漓渚出土一面东汉神兽镜上模铸有独角虎形兽、旁注"辟邪"铭即是。[9] 而且东汉时期，分列神道两侧作独角、双角的翼兽形象逐渐定型，但从文献记载的河南南阳东汉墓前石兽自铭来看，也是天禄、辟邪或麒麟、辟邪的组合。而《后汉书·西域传》关于"有桃拔、狮子、犀牛"的孟康注疏亦云："挑拔一名符拔，似鹿，长尾。一角者为天鹿，两角者或为辟邪。"因此，将南朝王侯墓前的无角石兽定名为"辟邪"，在实物形象乃至文献记载上，都没有可堪比照的依据，因而是不确切的。

南朝陵墓神道石兽的艺术源流长期以来是一个非常引人瞩目的问题。滕固《六朝陵墓石迹述略》认为，以天禄、辟邪为代表的有翼神兽形象在六朝时期已经"十足的中国化"，但其出现当更早，可追溯到战国两汉，渊源是古代亚述地区的艺术，类似主题也见于塞种和大夏，以及古希腊和印度的艺术。[10] 此种观点显然受到了西方学者关于中国天禄、辟邪与西方艺术中的格里芬（Griffin）相似的观点的影响，在当时中国的时代背景下显得十分大胆突兀，被引为"海外奇谈"，自然不大可能为国人所接受。与之同时，朱希祖对类似问题的看法则颇有保留，他引中国古书中的"如虎添翼"说，并徵《山海经》中有关带翼神怪的特征描述，认为这类形象其实在中国非常古老，但究竟是"吾国固有之遗风，抑外国传来之新范"，却仍然很难断定。[11]

然而至20世纪50年代后，这一很有意义的学术问题的探讨，由于受极左思潮的干扰，一度变得千人一面，索然无味，大家都极力否认或者回避

波斯　佩塞波里斯王宫的泽尔士门
建于公元前5世纪

战国　错金银双翼神兽铜雕

有翼神兽的西方因素，恕不一一列举。不可否认，这种惯性思维至今仍然有着较为广泛的影响，如杨泓《丹阳南朝陵墓石刻》一文认为："南朝陵墓前的神道石兽……过去有人看到它那肩生双翼的形貌，认为颇有西亚北非古文明中有翼兽雕刻的味道，其实它完全是中国古文明的结晶。我们只要去看一下河北平山战国时期中山王陵出土的错金银有翼神兽，自会寻出南朝陵墓石雕形貌的渊源所在。"(12) 但实际上，中山在战国时是个被诸夏包围的白狄国家，它的器物既有三晋风格，又有草原影响，中山王墓出土的4件可能用来镇席的错金银有翼神兽，就具有浓郁的草原风格，对此李学勤更是径自推测其是从草原传入的格里芬，(13) 当是半个多世纪以前滕固思路的延续，也标志着天禄、辟邪艺术源流外来说被再度激活。格里芬原是闪语词汇，后来被所有欧洲语系采用。它起源于两河流域，然后向四方传播，是古代最国际化的艺术母题。希罗多德说塞人的东面住着Arimaspi人，他们杀死看守黄金的格里芬，然后夺走黄金，所以西方人以格里芬看守银行或当作建筑守护神。狭义的格里芬是鹰首狮身形象，带翼狮和带翼羊则是其变形。

（二）石柱

南朝陵墓神道石柱的称谓，史籍所见极为丰富，有称之为"标"，如《宋书·五行志》："元嘉十四年，震初宁陵口标，四破至地……孝武帝大明七年，风吹初宁陵隧口左标折。"　《后汉书·光武十王·中山简王焉传》："大为修冢茔，开神道。"李贤注："墓前开道，建石柱以为标，谓之神道"。此之谓"标"，宜有神道入口处标志之意。有称为"表阙"或"阙"的，如《南齐书·豫章文献王嶷传》："上数幸嶷第。宋长宁陵隧道出第前路，上曰：'我便是入他冢墓内寻人。乃徙其表阙、骐驎于东岗上。骐驎及阙，形势甚巧，宋孝武帝于襄阳致之，后诸帝五陵皆模范而莫及也。"有称为"表"的，如《宋书·礼志二》载晋武帝咸宁四年（278年）诏。有径自称为"石柱"的，如《封氏见闻记》卷六《羊虎》："然则墓前石人、石兽、石柱之属，自汉代而有之矣"；张敦颐《六朝事迹编类》卷十三转述道："……《蒋山图经》云，在县东北二十里，政和年间，有人于蒋庙侧得一石柱，题云'初宁陵东北隅'，以此考之，其坟当去蒋庙不远"。但从所题文字内容来看，此石柱倒更可能是初宁陵界石，而非神道石柱。

如果说南朝陵墓神道石兽由于等级不同在造型上还有所区别的话，那么

梁萧宏墓神道石柱

印度 瓦沙里石柱 建于公元前3世纪

南朝陵墓神道石柱除了体量大小有别外，在形制上则单纯得多。南朝陵墓神道石柱例以柱座、柱身、柱头三部分构成，柱头包括装饰有覆莲的圆盖和伫立在盖顶部的小石兽；柱身圆形，雕刻隐陷直刳棱纹20至28道不等，柱身上方近莲盖处，凿成矩形石版，上刻朝代、墓主官职、谥号等文字，文字或正书或反书、或顺读或逆读，方版下依次雕神兽纹、绳辫纹和双龙纹；柱座上圆下方，上为头部相连、尾部相交、口含宝珠的双螭围成的环状榫孔，下为方形基座，基座四面刻神怪形象的浮雕。

民国时期，以滕固、朱偰为代表的一批学者，将南朝陵墓神道石柱柱身所刻隐陷直刳棱纹的艺术源头追溯到了希腊式石柱，是很有见地的。[14]起源于古希腊的柱式主要有三种样式，即有24条浅纵凹槽的多里亚式（Doric）、科林斯式（Corinthian）和爱奥尼亚式（Ionic），这三种柱式曾对东方国家的建筑艺术产生过深远影响。另一方面，印度阿育王时代的遗址曾出土石雕的柱头和柱身共30多处，柱头顶上亦置莲花形盘座，上有圆盖，盖上伫立石狮、牛或其他动物形象。较之南朝陵墓神道石柱的形制都十分相似。

然而，自20世纪五、六十年代以来，国内学者普遍认为，在柱身纵刻凹棱纹、顶托方版的神道石柱，早在汉代就已出现，如北京石景山上庄村发现的汉幽州书佐秦君神道石柱、山东历城出土汉琅玡相刘君石柱、洛阳西晋韩寿神道石柱等，因而认为南朝陵墓道石柱与希腊式石柱毫无关系。[15]

近来，有一种观点，认为南朝陵墓神道石柱是因循东晋陵墓地表所立以木材和竹子做成的"凶门柏历"而来。[16]所谓"凶门柏历"，即先以许多圆木聚合成圆柱形，外部用剖成两半的竹片背面反贴于柱身，并以大绳束缚，下半截再插入基座内，使其不致散乱倾倒。故南朝陵墓神道石柱柱身隐陷的纵刳棱纹，应即束竹纹。类似的论调在杨泓《丹阳南朝陵墓石刻》一文中也有所反映，即认为"汉晋至南朝的神道石柱形制仿自传统的木表柱，其上所刻纵凹楞纹，也是仿自原来的木柱的外貌而形成。……至于柱上的纹饰，原来源于中国的传统的木柱的一种，即仿自束竹柱的外貌。……束竹柱外表因是以小材围绕芯材而成，故形成美观的纵凹凸的楞线，又在柱体上绑缚有多道加固的绳索，所以仿束竹柱的石柱体上面，同样刻出上下多道绚索纹。从上面的分析，可以明确地说，南朝的神道石柱正是承袭汉晋文化传统的作品，其造型风格完全显示着中国古代文明的民族特征。"[17]但问题是，即便

印度　阿育王柱与大塔
建于公元前3世纪

是汉代的造型艺术，也不乏来自域外的深刻影响，如近年中原地区出土的建筑明器上所见形貌完整的希腊爱奥尼亚式柱便是极好的例证。而且，南朝陵墓神道石柱顶端具有明显印度阿育王时代风格特征的圆莲盖承石兽的形制，难道说也可以从汉代以来简陋的束竹柱上找到源头吗？众所周知，即便是纹饰的传播，也不可能轻易脱离其所属本体天马行空般地自由来往，更何况是一种形象鲜明、功能明确的立体圆雕之作呢？

南朝陵墓神道石柱远承希腊乃至古印度柱式，恰恰凸显了中国传统文化海纳百川般的包容与博大，文化只有在不断融入新的元素才会焕发出勃勃生机和活力，以此来观照南朝陵墓神道石柱中的域外因素，只会愈加生发出对中国古代艺术的景仰之情。

南朝时期佛教大盛，表现在神道石柱上，除了顶端所置圆莲盖外，还有莲盖下矩形方版两侧阴刻莲花等图案，但由于这类图像线条浅细，加之距地面较高，目力难及，不易察见，长期以来并未引起注意。20世纪50年代，南京市文物保管委员会在对南京附近的南朝陵墓神道石刻进行维修时，于梁吴平忠侯萧景墓神道石柱方版一侧发现一袒肩跣足执花叶的僧人阴刻线画，由于制作时代确切无疑，堪称江南现有艺术史价值最高的佛画。画面构图疏朗传神，人物造型亦具"面短"特点，故阮荣春认为符合萧梁时期著名画家张僧繇"疏体"画法特征，但进一步推测此图即张僧繇前期手笔 [18] 则显然有欠考虑。

（三）石碑

南朝陵墓神道石碑，形制完整者仅有四通，皆为萧梁一朝遗物，分碑额、碑身和下承碑身的龟趺三部分。碑首半圆形，外侧圆脊两侧浮雕相互交结成辫形的双龙；碑首正中有略凸出的方额，上题刻墓主官职、谥号等内容，额下有穿。其形式大体承自东汉碑石，是较具有中国民族特色的一种遗物。

萧梁神道碑铭文在书法史上颇受重视，如现存2800余字的始兴忠武王萧憺碑，以结体峻密、意象雄强而被晚清金石学者莫友芝在《宋元旧本书经眼录》中评誉为"上承钟（繇）王（羲之）、下开欧（阳询）薛（嗣昌）"，近代著名学者梁启超《碑帖跋》更以"南派代表端推此碑"的赞誉表达了对此碑书法艺术的推崇。

但近年来引起学术界关注的反倒是碑文漫漶至一字无存的临川靖惠王萧

梁萧秀墓西侧石碑

梁萧宏墓石碑碑首拓片

南京市博物馆旧藏石柱

卞壶墓碣

宏碑，此碑碑首之阴与碑身两侧纹饰繁丽诡异，令人瞩目，但以往对这些图纹的性质认识不够充分，往往笼统地将之归结为中国本土固有的神怪形象乃至朱雀、凤凰、螭龙等艺术造型。施安昌识出，此碑碑额（实为碑首之阴）中央为一花盘，圆穿即为花心，两旁双龙拱卫；下部莲座上有摩尼宝珠，左右各有一尊曲腿伸臂、瞋目张口、肩生火焰的胡天神。上述图像中，饰以莲花瓣的火坛与近年来发现的北周安伽墓墓室门额上刻画的火坛造型相似，而且火坛和左右下方神像的构图布局等可以在安伽墓门额画像上见到，而安伽墓门额画像鲜明的祆教主题，寓示着萧宏墓碑额之阴的图纹也反映了相同的主题。萧宏碑额之阴刻画的圣火上神像头顶部还有一不明物，有人认为是神像"高举一只弩弓"，施安昌则认为或是祆教法器，或是某种与神格有关的域外文字符，类似于汉画像石上的题识。[19] 施安昌的观点十分新颖，而且随着其相关著述的渐次发表，已广为人知。萧宏在梁武帝诸兄弟中，排行第六，生前官丹阳尹，以喜聚敛钱财、并富可敌国而为人知，而信奉祆教的粟特商人早在南北朝时期，已经成为活跃在丝绸之路两端的重要经济乃至政治力量。如果循着施安昌的观点伸展开去，则萧宏的巨额财富与其神道碑上的富于祆教色彩的图像有何内在联系，倒是很值得留意的。

二、南朝失考陵墓神道石刻归属研究

据梁白泉主编《南京的六朝石刻》第三章《六朝石刻在南京的遗存现状》截至1997年底的统计，分布在江苏境内（南京、丹阳、句容三地）的南朝陵墓神道石刻共计33处共85件，这一统计是据考古调查记录又经现场调查验证并补入近年来的新发现而得出的数据，应是比较详细的了。但仅以笔者所知见，犹有不足，其一，是南京市博物馆旧存一断为二截的神道石柱，方版铭文漫漶无存，并失顶部圆莲盖，大体与江宁上坊耿岗村的失考南朝神道石柱相若，形制较小，于20世纪70年代发现于南京江宁区东善桥；其二是原位于南京冶山西南卞公祠的东晋名将卞壶墓碣，该墓碣上的刻铭传为宋代叶清臣书，[20] 但墓碣本身却是以一根硕大粗壮的南朝神道石柱磨出刻面后改制而成，通体所刻的24道纵刿棱纹尚清晰可见；其三是2000年前后，笔者参加明岐阳王李文忠墓园环境整治时，在墓园堆放杂物的管理用房内发现的一件有翼的南朝神道石兽，石兽头部与四肢残损，风化极甚，与栖霞区燕子矶镇太平村、江宁区麒麟镇狮子坝失考南朝石兽规制相仿，当属王侯墓前的狮形石兽。以上3例，皆出笔者目察亲见，至于其他遗失天壤间的南朝陵墓神道石刻恐还有一定数量，有待进一步的调查搜访。

现存南朝陵墓神道石刻的数量固然不少，但据神道碑文、石柱方版或出土墓志能确认墓主人的却只有萧梁一朝的文帝萧顺之、桂阳简王萧融、安成康王萧秀、始兴忠武王萧憺、吴平忠侯萧景、临川靖惠王萧宏、新渝宽侯萧暎、建安敏侯萧正立、南康郡王萧绩等9处44件，尚不及已知南朝陵墓神道石刻的半数。围绕部分失考南朝陵墓神道石刻的归属问题，众多中外学者做了大量辨妄析疑的考订工作，其中有的问题越辨越明晰，得到了多数专家学者的认同，几已达成共识，但有的意见却一直相持不下，如位于栖霞区狮子冲石兽，究属宋文帝刘义隆（425—453年）长宁陵抑或陈文帝陈蒨（560—566年）永宁陵之物？其间的歧异竟达百年之久。但无论如何，这种学术上的争论，在客观上促进了学术界对南朝陵墓制度乃至六朝礼制文化的认识，进而将相关学术问题的研究导向深入。

（一）南京江宁区麒麟铺石刻

麒麟铺石兽，历来多认为是宋武帝刘裕初宁陵所有，如张璜的《梁代陵墓考》附《金陵陵墓古迹全图》上，在"麒麟门"位置即标注有"宋武帝初宁陵石兽尚存"等字样。朱希祖的《六朝陵墓调查报告书》亦以今麒麟铺石兽与《建康实录》、《元和郡县图志》中所载刘裕初宁陵方位符合。[21] 此外，朱偰《建康兰陵六朝陵墓图考》、姚迁、古兵编著《南朝陵墓石刻》、林树中《南朝陵墓雕刻》、梁白泉主编《南京的六朝石刻》皆承是说。

相左的意见在于，因《元和郡县图志》载宋武帝刘裕初宁陵与宋文帝刘义隆长宁陵曾地处同一方位，张璜《梁代陵墓考》附《南京附近历代陵墓图》上的"麒麟门"东"高黄村"侧即标注有法文和中文对应的"宋长宁陵"字样。曾与朱希祖父子以及罗香林、滕固等学者共同参与调查六朝陵墓神道石刻的德国哲学博士梅慈纳（Metaener）亦以麒麟门二石兽为宋文帝长宁陵物。[22]

值得一提的是，日本学者曾布川宽在其《南朝帝陵的石兽与砖画》

麒麟铺东侧双角石兽

麒麟铺西侧独角石兽

张家库东侧石兽

中，认为林树中《南朝陵墓雕刻》以麒麟铺二石兽为宋文帝长宁陵物，但实际上林树中仅仅是据朱希祖《六朝陵墓调查报告书》转引德国人梅慈纳的看法而已，至于林树中本人则认为现存美国费城大学的雕饰繁缛精丽的石麒麟才可能是宋文帝长宁陵石兽，[23] 故曾布川宽的转述实属误读林树中《南朝陵墓雕刻》一文所致。

（二）南京栖霞区张家库石刻

即南京炼油厂子弟中学石刻。当年，朱希祖《六朝陵墓调查报告书》将其列入"失考墓"，但又据《六朝事迹编类》卷十三"齐巴东献武公墓，在栖霞寺侧，有碑额云'齐故侍中尚书令丞相巴东献武公之墓'"的记载，而推测张家库石兽为南齐巴东献武公萧颖胄墓。[24]

1980年9月，南京市博物馆在此对石兽西北约1000米处，发掘了梁桂阳简王萧融夫妇合葬墓，遂否定了其为南齐萧颖胄墓神道石兽的可能性，断为萧融夫妇墓神道遗存，得到了广泛认同。[25] 1988年，江苏境内的南朝陵墓神道石刻被列为国家重点文物保护单位，张家库石兽亦以萧融墓神道石刻得以申报成功。

1998年1月，南京博物院在南京炼油厂西侧刘家塘、距萧融墓约300米处发掘了萧融嗣子、梁桂阳敦王萧象墓。[26] 以萧象等级身份而言，也当享有神道石刻，但其墓前除被公认为其父萧融墓的一对地面石兽及柱顶小石兽外，再无其他神道石刻。据此推知，所谓萧融墓神道乃至神道石刻，实际上是萧融、萧象父子共享甚至是萧梁宗室中萧融这一支系成员所共有的。

（三）南京栖霞区狮子冲石刻

关于此对石兽的归属，罗宗真尝云："1935年，朱希祖、朱偰父子曾认为南京市甘家巷狮子冲为宋文帝陵所在，到了1957年江宁县其林门灵山新发现石辟邪，又认为灵山应是宋文帝陵所在，将狮子冲的改认为是陈文帝陵。1973年，南京市博物馆发掘灵山大墓，距新发现的石辟邪很近，有同志提出此墓即是陈文帝陵，为此，一些公开发行的书籍和图表，大多数相沿1957年朱偰之说，认为麒麟作风华丽，是六朝晚期遗物，故确信甘家巷狮子冲即陈文帝陵……"[27]

实际上，朱希祖、朱偰父子对狮子冲石兽归属的看法自始至终都存在着

狮子冲石刻

分歧，朱偰《建康兰陵六朝陵墓图考》倾向于狮子冲石兽属宋文帝长宁陵不假，但朱希祖《六朝陵墓调查报告书》对此则持排斥态度，认为应属陈文帝永宁陵。朱希祖认为，据《建康实录》载，陈文帝永宁陵在县北四十里陵山之阳，而"陵山"应即位于狮子冲背后，当地人俗呼为"兰山"的山丘，因六朝音读"陵"若"兰"，陵山之南为衡阳山，并且《元和郡县图志》卷二六载"陈文帝蒨永宁陵，在县东北四十里蒋山东北"，也是与狮子冲方位相吻合的。[28]日本学者曾布川宽在其《南朝帝陵的石兽与砖画》中，也认同朱希祖的陈文帝永宁陵说，在文中，他除了引述朱希祖已经列举出的所有文献资料作为佐证外，还从类型学的角度进行了辨析，指出狮子冲石兽在形制上表现出了继承萧梁末季的丹阳陵口石兽向陈朝石兽过渡的风格倾向。[29]

然而，视狮子冲石兽为宋文帝长宁陵之物的观点，近数十年来亦未敛迹。日本学者町田章《南齐帝陵考》即力主其说，他经过类型排比后，认为狮子冲石兽具有宋武帝初宁陵石兽（即前述江宁区麒麟镇麒麟铺石兽）作风，并将这种形制作风的石兽称之为"宋式"。[30]同样，罗宗真《南朝宋文帝陵和陈文帝陵考》提出狮子冲石兽具有南朝早期特点，并"怀疑宋文帝陵前石兽被齐武帝迁走后，今已不存，不知墓葬亦否迁移？宋文帝陵前现存石刻，由于齐武帝生前很欣赏它，应是齐梁时工匠，仿齐武帝陵前麒麟重新刻制树立于陵前。"[31]

最近，卢海鸣《六朝都城》根据栖霞区甘家巷一带多为萧梁王侯葬地的情形，推断狮子冲石兽为梁元帝萧绎陵前之物。[32]但文献明确记载萧绎于陈朝天嘉元年（560）六月葬于江宁，与此地地望不合，故可能性不大。

（四）南京栖霞区狮子坝石刻

关于狮子坝石兽，朱偰据《建康实录》、《六朝事迹编类》等文献中关于陈文帝陵在县东北陵山之阳（南）的记载，遂率先推断该石兽为陈文帝陵所有。[33]1973年，南京市文物保管委员会在灵山发掘了一座南朝墓，墓葬形制和出土文物特具南朝晚期特征，其中有一对青瓷莲花尊，体量硕大，工艺繁缛复杂，堪称国宝。研究者多认为此墓与早些年发现的灵山石兽关系密切，譬如罗宗真《南朝宋文帝陵与陈文帝陵考》在朱偰所徵文献材料的基础上，亦认同灵山石兽为陈文帝陵前之物。[34]

狮子冲西侧石兽

狮子坝失名墓石兽

石马冲南侧石兽

石马冲北侧石兽

但经查询相关资料，可知所谓灵山大墓长不过 10 米，而已确知的南朝帝陵长度皆在 10 米以上；灵山大墓甬道中仅设一道石门，而南朝帝陵在甬道中均设两道石门；灵山大墓墓壁仅以单一的莲花网格纹砖组合砌成，而南朝帝陵墓壁主体位置则以内容丰富的"竹林七贤"、羽人狮子或武士、鼓吹等形象的镶拼砖画为饰，莲花纹砖只是作为陪衬的辅助装饰。综以上述，可知灵山大墓在等级上倒更可能是与已发掘的梁桂阳简王萧融墓、桂阳敦王萧象墓、安成康王萧秀墓及陈朝贵胄黄法氍墓等宗室贵族墓相若者，尚未达到帝陵规制，所以不可能是陈文帝永宁陵。

（五）南京江宁区石马冲石刻

对于石马冲石兽，朱偰《建康兰陵六朝陵墓图考》认为系陈武帝陈霸先万安陵前之物，[35] 姚迁、古兵编《南朝陵墓石刻》、罗宗真《六朝陵墓及其石刻》、林树中《南朝陵墓雕刻》皆从其说。[36] 朱希祖《六朝陵墓调查报告书》对此说则模棱两可，但其提出的质疑则很值得重视，其中最为关键的一点是，宋、齐、梁三朝皇陵前石兽率皆为作独角或双角的麒麟形象，而所谓万安陵前的石兽却是作无角而有鬣毛的雄狮形象，而这恰恰是认可石马冲石兽为万安陵神道石刻的观点难以承受的。其次，朱希祖据《建康实录》中陈霸先万安陵在上元县东南三十里、彭城驿侧的记载，并结合《同治上江两县志》卷三考证得出有彭城山及彭城馆在今江宁淳化镇东，而石马冲则在淳化镇西十里，指出二者位置不合。[37]

朱希祖对上坊石马冲石兽的考证颇见功力，但同一段话中也存在观察不够仔细之处，如认为石马冲石兽"舌不下垂，与梁代诸王墓石辟邪不同"即是。实则石马冲二石兽均露舌外垂，但与萧梁诸王侯墓前石兽有所区别的地方在于，其舌部未如甘家巷一带萧梁石兽发达，且舌尖未垂至胸部。但对事物性质的判断理应着眼于大的方面，石马冲二石兽在形制上更符合南朝王侯墓前石兽特征是无可质疑的，至于舌部的发达与否似乎更可能是从一个侧面提示了石马冲石兽与甘家巷一带的萧梁王侯墓石兽在制作时代上的差异。

日本学者曾布川宽也否定石马冲石兽为陈霸先万安陵之物，而认为属南齐之制。他从类型学的角度入手，指出此对石兽均伸出外侧的前肢，符合所谓南齐神道石兽的形制特征。此外，石马冲石兽体长而动感较强，与梁代及其以后石兽普遍作较为静态的驻足停滞的形象也有所区别。[38]

方旗庙东侧石兽

方旗庙西侧石兽

（六）南京江宁区方旗庙石刻

此对石兽最初系1934年9月由朱希祖、朱偰父子调查发现，2004年2月，南京文物考古工作者在正对石兽西北向约400余米的山岗上发现一高约5米的墓葬封土，根据南朝陵墓地下玄宫与地上神道石刻的分布规律，可确定此封土与二石兽皆属同一墓主所有。但这位墓主具体是谁呢？朱希祖、朱偰父子皆推测为葬于金牛山的齐豫章王萧嶷，并据《至正金陵新志》卷五《山川志》引《庆元志》载江宁铜山"山南名金牛坑"，而认为金牛山即位于今江宁区境内的铜山。[39]朱偰《建康兰陵六朝陵墓图考》更是径谓"齐豫章文献王萧嶷葬金牛坑（今铜山乡），去江宁镇不远，或系此墓"。[40]近年出版的姚迁、古兵编《南朝陵墓石刻》及罗宗真《六朝陵墓及其石刻》也分别接受此观点，但显然都是将"金牛山"误作"金牛坑"了。

据《至顺镇江志》卷十二《古迹》引《舆地志》："泰安陵（齐高帝陵）、景安陵（齐武帝陵）、兴安陵（齐明帝陵）在故兰陵东北金牛山"。又据《乾隆丹阳县志》卷二《山川》："经山，在（丹阳）县东北三十五里，昔有异僧讲经于此，故名。上有金牛洞，一名金牛山，一名金山"。可知齐豫章王萧嶷所葬墓亦当属丹阳萧齐帝陵区的陪葬墓之一，与江宁方旗庙石兽无涉。

近来，有研究者认为，方旗庙石兽系陈朝天嘉元年（560年）归葬江宁通望山、其母文宣阮太后旧茔旁的梁元帝萧绎墓，[41]至于墓前未采用南朝帝陵前专设的有角石兽，而只是设置了王侯墓前的无角有鬣吐舌的雄狮形象的石兽，当是改朝换代后，后朝有意低抑前朝君王的仪制之故。

（七）丹阳狮子湾石刻与赵家湾石刻

两组石刻相互毗邻，为南齐帝陵石兽。朱希祖《六朝陵墓调查报告书》据《元和郡县图志》卷二六与《乾隆丹阳县志》卷十九关于齐宣帝永安陵和齐高帝泰安陵位置的相关记载，推断狮子湾石兽为齐宣帝永安陵之物，赵家湾石兽为宣帝之子、高帝泰安陵所有。[42]由于两处石兽的方位大体与文献记载相符合，故朱希祖所作推断颇为学界认同，如朱偰《建康兰陵六朝陵墓图考》、姚迁、古兵编《南朝陵墓石刻》等皆袭沿未改。[43]值得注意的是，朱希祖对二处石兽归属的推断是基于二陵朝北的认识基础而定的。然而，日本学者曾布川宽参照地图才发现狮子湾石兽和赵家湾石兽之北

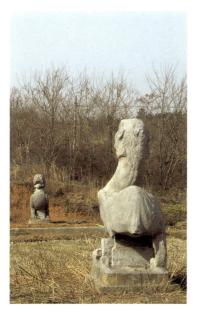

金王陈石兽

三城巷南侧石兽

为渐次升高的缓坡地形，遂推断这对父子陵墓皆是面南背北并列而造，据《隆庆丹阳县志》卷八载："泰安陵，齐文帝及昭后刘氏葬所，在宣帝陵侧"，按照当时陵墓排列的尚右原则，那么位于右侧的赵家湾石兽应属父亲宣帝永安陵所有，左侧的狮子湾石兽才是儿子高帝泰安陵之物。[44]

（八）丹阳金王陈石刻

1968年8月至10月，南京博物院在金王陈石兽北部600米处发掘了一座长达13.60米的大型南朝墓，当即为此对石兽主人的墓室玄宫。墓葬发掘者据朱孔阳《历代陵寝备考》中齐废帝东昏侯萧宝卷墓在丹阳县东十六公里的记载，推测其位置与丹阳建山金家村墓前神道石刻相当，只是方向略偏北些。[45] 杨泓《丹阳南朝陵墓石刻》一文承袭了墓葬发掘简报的推论。[46]

而曾布川宽则通过对齐郁林王和海陵王的终制的考证，指出对于被废的皇帝，总是"殡葬以王礼"，故其墓前的神道石兽，只合采用无角有鬣、张口吐舌的雄狮形象，认为东昏侯之说难以成立。在此基础上，曾布川宽对建山金家村石兽的归属提出了自己的看法，他认为，金家村石兽位于被公认为齐景帝萧道生修安陵的丹阳仙塘湾石兽左近，彼此相距只有2公里，更兼墓室内的镶拼砖画为同范制作，故两墓建造年代相近，关系较密切，并进一步推测金家村石兽或即为萧道生之子、齐明帝萧鸾所有。[47]

（九）丹阳三城巷石刻

对于丹阳三城巷的4处南朝陵墓神道石刻的墓主人，有争议的则是梁文帝建陵以南60米一对石麒麟。关于此对石兽，朱希祖《六朝陵墓调查报告书》认为系齐明帝萧鸾兴安陵之物，依据是《乾隆丹阳县志》卷一九有云，齐明帝萧鸾兴安陵的位置在县"东北二十四里"，而梁文帝萧顺之建陵在"县东北二十五里东城村"，尚德乡确有东城村，故作如是推测。[48] 此后的相关著述皆沿袭了朱希祖的观点，几成定论。

然而，细加校勘，可以发现《乾隆丹阳县志》中将梁文帝建陵方位记为县"东北"恐有误，因同书记梁武帝修陵和梁简文帝庄陵都分别位于"县东二十五里"和"县治东二十七里"，故疑《乾隆丹阳县志》中建陵方位"东北"应为"东"之讹衍。况且，已知三城巷集中分布着梁文帝、梁武帝与梁简文帝的陵墓，可推定该地实为萧梁帝陵区，故将梁文

三城巷北侧石兽残件

梁萧恢墓石兽的保护铁箍

梁萧憺墓石碑碑亭

帝建陵以南60米的这对有角石兽定为齐明帝萧鸾兴安陵，显然是说不通的，只有将其视作萧梁某帝陵，才是合乎情理的。萧梁诸帝中，除文帝、武帝、简文帝已确知葬于丹阳三城巷、梁元帝萧绎于陈朝天嘉元年（560）改葬江宁外，剩下的就只有元帝第七子、于太平二年（557年）禅位于陈霸先的梁敬帝萧方智了。敬帝萧方智禅位于陈霸先以后，虽降封为江阴王，但仍然被允许行梁正朔，但这种情况不可能维持长久。仅仅一年后，萧方智便暴卒而亡，陈霸先则遣太常吊祭、司空监护丧事，可谓极尽哀荣，所以该对帝陵石兽的主人以萧方智的可能性最大。[49] 至于将其陵墓营置于较梁文帝建陵更为尊贵的右侧地位，则恐是陈霸先出于贬抑前朝的考虑而故意采用的非常手段。

三、南朝陵墓神道石刻的保护与修复

经过1500多年的风风雨雨，南朝陵墓神道石刻饱含着岁月的沧桑走到了21世纪的今天。由于暴露野外，这些石刻长年以来一直遭受到来自自然界各种因素的侵害，经历着缓慢的侵蚀过程。揭示南朝陵墓神道石刻所遭受到的自然侵害，深刻认识其所造成破坏的严重性，从而为"对症下药"地修复、保护这些艺术瑰宝，充分展示其艺术活力，延长其艺术生命，一直是文物保护的一项重要课题。在这个方面，文物部门与有关的科研院校都进行过积极的探索和研究。

早在1953年4月至1957年6月，南京市文物保管委员会在江苏省文物管理委员会与南京博物院的指导下，对南京附近的南朝陵墓神道石刻进行了整修。据金琦《南京附近六朝陵墓石刻整修纪要》介绍，这次整修的措施包括三个方面：一是将陷没土中或浸泡水中以及倾倒在地面上的石刻，采用简单装配的起重工具——"神仙葫芦"进行提升，并重做水泥毛石基础，四肢损毁严重的还配补承重石墩；二是对表面裂隙明显的石刻以铁板条箍拢裂痕，并在铁箍上涂饰黄丹以及与石刻颜色类似的漆，以防锈蚀；三是对石刻表面存在的较大的裂隙灌注水泥浆，并在部分石刻上涂赛璐璐溶液保护层。[50]

上述保护方法简便易行，但毕竟是在文保技术水平有限的特定时代条件下所为，为此，《南京附近六朝陵墓石刻整修纪要》一文的"编者按"特别指出：在石刻上加铁箍，是临时性的或不得已的方法，对保护石刻虽有很大作用，也可维持很长时间，但对艺术形象却有不良影响；建亭对碑刻进行保护，

是传统的老办法，但多少也影响了对艺术的欣赏，因而希望能研究出一个不要建亭又能使石刻不会风化的好办法；不得已需移动石刻原来位置时，需要有一个详细的实测图，来记录它原来的位置和现在的位置，这种图和其他的修理图一样应当做成档案保管下来。

上述出自《文物》月刊编者之手的按语，是站在一个很高的层面上为南朝陵墓神道石刻的保护指明了未来努力的趋势和方向，具有很强的指导意义。然而，直至今日，我们的文物保护仍然未能完全实现这些来自20世纪50年代的寄望。除了尚难以克服的科技因素的制约外，一些本可以付诸实践的工作却迟迟未能开展，如石刻原生位置与环境的实测丈量等，而且由于近年来的大规模基础建设，不少南朝神道石刻周围的地形地貌已经发生了沧海桑田般的巨大改变，使得我们几乎完全丧失了对其进行测绘记录的可能，给文物保护、研究工作留下了无可弥补的遗憾。

关于南朝陵墓神道石刻所遭受的侵害，王勉的《南京郊区南朝石刻的保护试验》（下简称《试验》）一文主要归结了六点：首先，南朝陵墓神道石刻系以方解石（$CaCO_3$）为主要成分的石灰石雕成，易受水的冻结作用，且能溶于含CO_2的水，从而形成可溶解的酸式碳酸钙；其次，由于空气污染产生的二氧化硫（SO_2）氧化后，遇空气中的水变成硫酸，使方解石（$CaCO_3$）石膏化；第三，石刻表面因上述两个因素导致龟裂，裂隙积聚尘土后导致植物得以在其中生长发育，对石刻的破坏就更为明显，并且植物还会生发出地衣酸侵蚀石刻；第四，温差对石刻也具有破坏作用，如白天，石刻在阳光直射下会被晒到烫手的地步，到夜晚则又恢复到冰冷的状态。由于石头传热性能差，即便表面受热至烫手的程度，但其内部往往还是凉的，遂造成表面的膨胀率比内部大，加之石刻本身是多种矿物混合体，而各种矿物都有着不同的膨胀系数与比热，长年无休止的膨胀与收缩，也会造成剥落和龟裂；第五，与温度相结合的湿度造成侵害作用的症结是冻结。冬季，水或水汽进入石刻裂隙后，一旦温度下降到冰冻线以下时，凝结成冰，体积便涨大进而使石刻崩裂，这类现象往往在石刻朝北的一面表现得尤为明显；第六，石刻陷没地下或浸泡水塘中时，受到的侵害也不容忽视，因为地下水总是富含某种溶解的盐类。盐类溶液渗入到石刻内部，逐渐达到饱和状态，在一定条件下相对干燥，就会析出盐的结晶，进而聚结增长，产生的压力也会导致石面破裂。由王勉列举的此点亦可见出，早年南京文物部门将陷没土中的南朝陵墓神道石刻陆续予

被风化的方旗庙西侧石兽

梁萧恢墓石兽

梁萧憺墓石兽

梁萧景墓石兽

以提升加固，或许主观上是为了欣赏、展示之需，但客观上却使其免遭地下水的侵蚀，从文物保护的技术角度而言，也称得上是一幸事了。

《试验》一文对南朝陵墓神道石刻的文保工作具有重要的意义，近年来出版的诸如《南京的六朝石刻》、《六朝文化》等书，凡涉及到南朝神道石刻的保护与修复内容的，均采用《试验》中的论述。

由张捷、李升峰等执笔完成的调查报告《南京梁代石刻微侵蚀的研究》，通过野外现场观察和室内光学显微镜的微观检测分析，对南京栖霞区甘家巷一带分布的萧梁王侯墓前的神道石刻在自然风化过程中的微侵蚀作用、尤其是生物侵蚀作用及其形成机制进行了深入探讨。该文指出，石灰岩石刻最基本的侵蚀过程是以大气降水、土壤水和附着低等生物为外营力的溶蚀过程，根据溶蚀的剖面形态特征，可将溶蚀痕迹分为四类：一是沿缝合线发育的溶隙和溶纹，对石刻而言，这还仅是一种潜在的威胁，但大型溶隙可导致石刻崩解；二是下陷溶窝，系嵌生型藻类覆盖侵蚀形成的溶痕；三是石刻陷没土下因裂隙水侵蚀形成的、外观呈石芽形态的回曲状溶沟；四是在有方解石脉的地方易于生成的差异溶蚀现象，使方解石脉呈脊状凸起，俗称"石筋"，从而在两侧形成溶槽。

而据现场观察，南京栖霞区甘家巷一带的萧梁神道石刻中，以鄱阳忠烈王萧恢墓的石兽保存现状最差，不仅通体密布沿缝隙线发育的呈直立状的溶隙，溶窝分布亦占到石刻表面的5%-10%，且因石兽下部50-70厘米曾经陷没土中而遭土下侵蚀，故石兽在这一区域的体表（主要是腿足和下腹部）有粘球藻类聚集。始兴忠武王萧憺墓和吴平忠侯萧景墓神道石刻的保存状况也不容乐观，其中萧景墓石兽约1.6米以下生成密集的回曲状溶沟，两处石刻的表面均生成有大量藻类（粘球藻与色球藻）和地衣（瓶口衣、墙茶渍、橙衣裂朵双绿衣等），只是溶隙发育相对较弱。相较而言，安成康王萧秀墓前的神道石刻群无明显下埋痕迹，溶窝特征亦不明显，溶隙发育亦较弱，特别是龟趺缝合线多呈水平状，不利于雨水流动渗入，保存条件相对较好，但东侧石兽因其岩石成分中的泥晶灰岩与方解石脉之间的差异，造成差异溶蚀，石筋交错，亦不可掉以轻心。

《南京梁代石刻微侵蚀的研究》一文中，有关南朝陵墓神道石刻自然损毁的微地貌机制的分析也极为精辟入微，充分揭示了南朝陵墓神道石刻表面微侵蚀及其形成机制，并特别总结指出，对暴露野外的石刻的保护迫在眉睫的是应加强表面尤其是顶背部缝合线、侧部纵立状缝合线的防水措施和防止石刻表面的地衣生物生长。

注释：

（1）　以往的调查及相关著述通常认为，南朝陵墓神道石刻组合依次为石兽、石柱、石碑各一对，共计3种6件，但凡少于这3种6件的则被认为是后来毁佚损失所致。但据《隋书·礼仪三》记载："（天监）六年，申明葬制，凡墓不得造石人兽碑，唯听作石柱，记名位而已"。2002年10月至12月，南京市文物研究所对南京栖霞区北家边南朝神道石柱所在区域以及石柱以北至墓室玄宫的约1000米范围内进行了考古勘探，除了新发现一对土筑砖包的墓阙外，并未见有曾设置神道石兽或石碑的痕迹。可证北家边墓神道上原本仅有一对石柱，并无其他石刻。至于梁安成康王萧秀、始兴忠武王萧憺、临川靖惠王萧宏、吴平忠侯萧景墓前神道两侧作3种6件或3种8件的石刻组合，则应是出自朝廷特赐。

（2）　载朱希祖、滕固编：《六朝陵墓调查报告》，第198页，中央古物保管委员会，1935年。

（3）　参见朱希祖、滕固编：《六朝陵墓调查报告》，第1—90页。

（4）　朱偰：《建康兰陵六朝陵墓图考》，第9-10页，商务印书馆，1936年。

（5）　参见姚迁、古兵编：《南朝陵墓石刻》，第2页，文物出版社，1981年；罗宗真：《六朝陵墓及其石刻》，《南京博物院集刊》第1辑，第92页，1979年。

（6）　林树中：《南朝陵墓雕刻》，第48页，人民美术出版社，1983年。

（7）　刘敦桢主编：《中国古代建筑史》（第2版），第102页，中国建筑工业出版社，1984年。

（8）　杨宽：《中国古代陵寝制度史研究》，第46-47页，上海人民出版社，2003年。

（9）　孙机：《镇江文物精华笔谈——石兽》，《中国历史博物馆馆刊》总第9期，第27页。

（10）　见朱希祖、滕固编：《六朝陵墓调查报告》，第84页。

（11）　朱希祖：《天禄辟邪考》，见载朱希祖、滕固编：《六朝陵墓调查报告》第 197 页。

（12） 载杨泓、孙机：《寻常的精致》，第 155 页，辽宁教育出版社，1996 年。

（13） 李学勤：《虎噬鹿器座与有翼神兽》，载李学勤《比较考古学随笔》，第 84 页，广西师范大学出版社，1997 年。

（14） 滕固：《六朝陵墓石迹述略》，载朱希祖、滕固：《六朝陵墓调查报告》，第 74 页；以及朱偰：《建康兰陵六朝陵墓图考》，第 6 页。

（15） 杨泓：《丹阳南朝陵墓石刻》，载杨泓、孙机：《寻常的精致》，第 153 页。

（16） 何汉南：《南朝陵墓石柱的来历》，《文博》1992 年第 1 期。

（17） 杨泓、孙机：《寻常的精致》，第 154 页。

（18） 阮荣春：《梁代〈擎花比丘图〉与张僧繇画风》，《考古与文物》1988 年第 4 期。

（19） 施安昌：《南朝梁萧宏墓碑考》，载施安昌：《善本碑帖论集》，第 390-397 页，紫禁城出版社，2002 年。

（20） 刘诗：《叶清臣与卞壶墓碣》，《南京史志》1992 年第 6 期。

（21） 朱希祖：《六朝陵墓调查报告书·宋武帝初宁陵》，载朱希祖、滕固编：《六朝陵墓调查报告》，第 20 页。

（22） 朱希祖：《六朝陵墓调查报告书·宋武帝初宁陵》，载朱希祖、滕固编：《六朝陵墓调查报告》，第 21 页。

（23） 林树中：《南朝陵墓雕刻》，第 44 页。

（24） 朱希祖、滕固编：《六朝陵墓调查报告》，第 67 页。

（25） 阮国林：《南京梁桂阳王萧融夫妇合葬墓》，《文物》1981 年第 12 期。

（26） 南京博物院（陆建方执笔）：《梁朝桂阳王萧象墓》，《文物》1990 年第 8 期。

（27） 罗宗真：《南朝宋文帝陵和陈文帝陵考》，《南京博物院集刊》第 7 辑，1984 年。

（28） 详见朱希祖、滕固编：《六朝陵墓调查报告》，第 42—45 页。

（29） 日·曾布川宽著、傅江译：《六朝帝陵——以石兽和砖画为中心》，第 57 页，南京出版社，2004 年。

（30） 日·町田章著、劳继译：《南齐帝陵考》，《东南文化》第 2 辑，江苏古籍出版社，1986 年。

（31） 罗宗真：《南朝宋文帝陵和陈文帝陵考》，《南京博物院集刊》第 7 辑，1984 年。

（32） 卢海鸣：《六朝都城》，第 292—293 页，南京出版社，2002 年。

（33） 朱偰：《修复南京六朝陵墓古迹中重要的发现》，《文物参考资料》1957 年第 3 期。

（34） 罗宗真：《南朝宋文帝陵和陈文帝陵考》，《南京博物院集刊》第 7 辑，1984 年。

（35） 朱偰：《建康兰陵六朝陵墓图考》，第 45—46 页。

（36） 参见姚迁、古兵编：《南朝陵墓石刻》图版 97—101；林树中：《南朝陵墓雕刻》第 32—33 页。

（37） 朱希祖、滕固编：《六朝陵墓调查报告》，第 39—41 页。

（38） 曾布川宽著、傅江译：《六朝帝陵——以石兽和砖画为中心》，第 56—57 页。

（39） 朱希祖、滕固编：《六朝陵墓调查报告》，第 96 页。

（40） 朱偰：《建康兰陵六朝陵墓图考》，第 52 页。

（41） 王志高、周维林：《南京方旗庙南朝陵墓石刻墓主为梁元帝萧绎》，《中国文物报》2005 年 4 月 1 日。

（42） 朱希祖、滕固编：《六朝陵墓调查报告》，第 23—26 页。

（43） 参见朱偰：《建康兰陵六朝陵墓图考》，第 16—18 页；姚迁、古兵编：《南朝陵墓石刻》图版 4—9。

（44） 曾布川宽著、傅江译《六朝帝陵——以石兽和砖画为中心》，第 15—18 页。

（45） 南京博物院（尤振尧执笔）：《江苏丹阳县胡桥、建山两座南朝墓葬》，《文物》1980 年第 2 期。

（46） 杨泓、孙机：《寻常的精致》，第 156 页。

（47） 曾布川宽著、傅江译：《六朝帝陵——以石兽和砖画为中心》，第 26—28 页。

（48） 朱希祖、滕固编：《六朝陵墓调查报告》，第 28—29 页。

（49）　曾布川宽著、傅江译：《六朝帝陵——以石兽和砖画为中心》，第 52 — 53 页。

（50）　载《文物》1959 年第 4 期。

（51）　载《文博通讯》总第 34 期，1980 年。

南 朝 陵 墓 雕 刻 保 护 之 我 见

徐湖平

江苏，人文荟萃；南京，六朝古都，文采风流。

在有意无意中，一些人将会成为六朝古都的被告，原告就是南朝石刻！它们沉默着，却默默地注视作为它们监护人——我们文物工作者的举动。

那些跨越了1500年沧桑岁月，作为"全国重点文物保护单位"的南朝陵墓石刻极度濒危！可能在我们的手中毁于一旦！这并不是危言耸听，请看看作为六朝古都象征的南朝陵墓石刻的现状吧！

2005年初，我率同仁倪明、谷建祥、庞鸥、朱德成在南京市文物局王引老先生的引路下，顶风冲寒，历时一个半月，分作4次，逐一对南朝陵墓石刻进行了全面的现场调查与考察。它们处于历史的边缘，如果保护不力，将很快消失在历史的长河中。

江苏境内现在已发现的南朝陵墓石刻有32处，集中分布在南京、丹阳及句容。这些石刻分为帝王陵和王公贵族墓两类：帝王陵前石雕以梁文帝萧顺之建陵保存最多，计4种8件，即石兽1对、神道石柱1对、石碑1对，以及在石兽和神道石柱之间残存的方形石础1对。王公贵族墓前的石雕，以梁安成康王萧秀墓保存最全，计有3种8件：石狮1对、神道石柱1对、石碑2对。其他各陵墓神道石雕也都已不全，或存石兽及神道石柱，或存石兽及石碑，甚至仅存神道石柱1件。

在这些南朝陵墓中，年代最古的为宋武帝刘裕初宁陵石雕。在一条繁忙的公路两旁，二石兽尚存，均已残破不整，然而气韵犹存，其腰部弯曲，羽翼短捷，鬣须长美，其形制谨严，在谨严之中又流露着一种凝重古朴、刚坚雄强且深沉宏大的气魄，完全继承了汉代雕刻的遗风。齐代石雕清秀，矫捷有力，而且显得秀美多姿，梁代石雕气势宏伟豪迈，造型雄浑简练，粗犷奔

公路旁的宋武帝初宁陵石刻

齐武帝景安陵石刻周围环境

梁萧宏墓石刻周围环境　摄于1981年

梁萧宏墓石刻周围环境　摄于2005年

梁萧宏墓石刻周围环境　摄于2006年

放，形成了鲜明的时代特征与独特的艺术魅力。王朝闻先生称之为"是威猛与安详的结合，自尊与自负的结合，激动与沉静的结合"。如梁临州靖惠王萧宏墓石狮和梁安成康王萧秀墓石狮均是作昂首向天，雄视阔步的姿态，特别是梁武帝萧衍修陵石雕麒麟，王朝闻先生曾称赞其："在艺术上比汉代霍去病墓前石雕显得更为成熟，作为兽身重量支撑点的尾巴，在底座上若蛇身般蜷曲自如，这就更能显示艺术匠师在构思方面的缜密。他们显然不满足于力学方面的成就，而是也在追求美学的效果。在石兽的形体结构方面作出如此自然和巧妙的安排，不能不承认古代艺术匠师的高度智慧。"

南朝陵墓石刻均是用整块的巨石雕成，一般长、高在3米以上，个别达到4米，宽1.5米左右。从雕刻手法上看，南朝陵墓石刻也取得了长足的发展，刘宋雕刻尚用方刀法；至齐、梁时期，雕刻则多用圆刀法，并注意圆雕、浮雕和线雕的综合运用，其艺术表现较刘宋更为充分。尤其到了陈代，其刀法已是名副其实的圆雕，很好地解决了形体结构多面观的问题，石雕无论从哪一个角度都给人以鲜明生动的实体形象，在技法上，能纯熟地运用凹凸起伏来刻画细部，而且能较准确地掌握对象的比例和结构，进行较完整的圆雕塑造，运用夸张的手法突出对象的神态，不仅如此，石兽整体和局部的造型都十分和谐，加之得体的装饰线条，形态动势所显示的节奏感，构成了鲜明的形体美与匀称感。这与汉代石雕像往往只是雕琢出粗略形象的做法相比，完成了从拙朴凝重向矫健灵活的转变，在雕刻技法上可以说是取得了一次标志性的飞跃，使得中国雕塑发展到了成熟的境地，并给后来唐宋时期的雕塑艺术以深远的影响。

南朝石刻正面临着自然和人为的双重毁坏。尤其是环境风貌的破坏更为明显，已使石雕的时代氛围丧失殆尽。尽快拿出一整套切实可行的保护方案以拯救国宝是当前最为迫切的。

早在20多年前，一些有识之士就关于南朝陵墓石刻的保护提出过各种建议，然而，始终没有任何的结果，保护的事也在等待中不了了之。南京市政府及文物局也曾对其进行过保护，并组织专家学者对石雕的保护进行过研究讨论。

焦点是：原地保护还是易地保护？

又是20多年，一代人的时间过去了，南朝陵墓石刻的境遇越发恶劣，短短几十年的时间，石雕所遭受到的破坏远甚于此前一千多年的总和。对比一下我们此次调查所拍摄的照片和1982年出版的《南朝陵墓石刻》一书中的附图，不难看出，现在石雕的原生态环境遭到了致命的破坏，如果八十年代石雕亟须保护，那么，现在的石雕需要的是救命了，否则，这南朝的石雕瑰宝将毁于我们这代人手中。

没有时间争论，没有功夫叹息！

可是还得争论、讨论。原地保护者认为，只有原生地保护，才能最大化凸现文物的价值。易地保护是对文物原环境的破坏，损害文物的价值！

易地保护者认为：南朝石刻，分散、露天，正遭受多重破坏，应该集中保护！特别是看到几乎所有的石刻都失却了原环境，一些原地保护者也转向主张易地保护！

我主张易地保护！

理由之一：所有南朝石刻的原环境已经失去，周边的地貌、水系等已经完全改变。随着城市化进程的加快，南京城和周围的城镇、工厂已经将南朝石刻的原环境彻底改变。

理由之二：易地保护是可逆的，将来假如环境恢复后，石刻可以重回原地。

理由之三：原地保护，不可避免灾难性的毁坏。

一、伴随着工业化进程的加快，南朝石刻除风化日益严重外，更面临着空气污染、酸雨侵蚀不断加剧的损害。国家科学技术委员会关于《影响文物保护的环境因素及文物保护环境质量标准的研究》课题组近几年通过对30多处全国重点文物保护单位的调查研究分析，得出结论认为："大气污染是损害文物的祸首，而降尘、酸性气体和酸雨则是最主要的因素。"而南朝陵墓石刻中的梁新渝宽侯萧暎墓石雕、梁郡阳忠烈王萧恢墓石雕、梁始兴忠武王萧憺墓石雕、梁吴平忠侯萧景墓石雕、梁安成康王萧秀墓石雕、梁临川靖惠王萧宏墓石雕等13处均在南京的化学工业区内，石雕被化肥厂、炼油厂、化工厂等重点污染企业所包围。据一些相关报道："栖霞区废水和废气污染负荷占南京总负荷的38.14%和16.58%"，而化工产生的废水和废气中所含的二氧化硫和氧化氮和酸性排放物是形成酸雨的主要物质成分。酸雨对文物的严重危害已是一个不争的事实，南朝石刻均采用幕府山石灰岩雕琢而成，石灰岩对酸性物质的防抗性较弱，当遇到酸雨后便起化学反应，酸碱中和，很容

梁始兴忠武王萧憺墓石兽

梁吴平忠侯萧景墓石刻

梁萧暎墓石柱周围环境

梁萧宏墓石狮胸前被书写文字

梁萧绩墓石狮身上的铭刻

易被腐蚀，这是南朝石刻致命的打击之一。

二、当地居民生产生活对于南朝石刻的影响也令人担忧，虽然文物主管部门为加强保护在有些南朝石刻周围设置了保护栏或保护范围，然而，因缺乏有效的管理，基本上形同虚设，现在大多成为当地居民堆放杂物、倾倒垃圾的场所；或农民紧靠石雕耕作、或农民辟为果园，甚至私建违房，破坏日益凸显。

三、人为的破坏，中国人的文物保护意识薄弱，特别是广大的农村地区。由于露天原址置放，南朝石刻仍时有人为破坏的现象发生。萧憺墓前的小辟邪，就因传说大辟邪会拖小孩给小辟邪玩和吃，所以农民把小辟邪的头打掉了；方旗庙南朝失名墓的一只石兽，因当地人迷信，认为石兽夜晚会强奸妇女，于是把其后半身砸毁了；游人中在石兽上"泼墨挥毫"有之，如齐景帝萧道生修安陵石雕、梁临川靖惠王萧宏墓石雕的身上便有用油漆书写的文字；攀骑留影者有之，如陵口南朝石兽的背上已被磨得光亮；更有甚者刀刻铭记，如梁南康简王萧绩墓石兽身上在手可触及的范围，满是胡乱的凿刻……

四、文物保护和工程基建之间的矛盾早已有之，在新的形势面前尤显突出。由于南京各郊区县的快速发展，村庄拆迁、新区建设等人为因素破坏了南朝石刻的原有生态环境，在石雕附近，甚至在保护范围区域内时有基建项目开工，这类施工不仅破坏了石雕周围的环境面貌，而且对石雕的安全构成了极大的威胁。

五、不当的保护，也是对于文物的破坏，现虽利用化学药剂加以保护，但很难避免化学药剂本身对石雕的侵蚀。长期以来，南朝石刻的保护措施主要采用水泥填缝、环氧树脂灌浆和石材修补等方法。如今20多年过去了，这些修复工程的缺陷开始一一暴露：当年南朝石刻表面有青苔，颜色颇深，所以用水泥涂抹裂缝尚不易觉察，如今由于风化严重，石雕变成浅白色，灰色的水泥顿时无所遁形，不仅如此，由于水泥的抗风化性较弱，几乎所有用水泥填涂的石缝均又再次开裂；当年用无色的环氧树脂灌充裂缝的技术在弥合石雕内部裂纹上也的确效果显著，但是，如今这一技术也没经受住时间的考验；曾经无色的环氧树脂正逐渐发黄，土黄的颜色顺着当年灌浆的裂缝向前延伸，在南朝石刻的表面形成一条条黄色"筋脉"，加之灌浆管孔的裸露，修复处分外刺眼；"修旧如旧"这是文物保护性修复的一个重要原则，而修复者的水平则至关重要，丹阳齐明帝萧鸾兴安陵石麒麟，本来四腿和尾巴已毁，前几年有关部门用水泥重做了腿和尾巴，工艺实在拙劣，颜色不一不说，四腿平直僵硬、尾巴如同一条下垂的水管，严重破坏了石雕的艺术价值，而且，如此拙劣的修复还有多处。面对多种威胁，易地保护刻不容缓！

理由之四：民意调查结果，主张易地保护者为多数。2005年4-5月，南京博物院举办"岁月留痕——南朝陵墓石刻图片资料展"，展出了此次调查所拍摄的部分南朝陵墓石刻图片资料400余幅，首次全面披露了南朝陵墓石刻岌岌可危的保护现状。又组织市民在参观展览后对南京周边的南朝陵墓石刻进行实地考察；让他们有了一次难得的切身体验。

志愿者组织的高校内的南朝石刻保护行动

在此基础上的民意调查结果显示：有因地制宜、原址保护，部分原址、部分集中和建设专馆，集中保护三种意见，分别占22％、38％、40％。下面是部分主张集中和建设专馆市民的呼声：

保护南朝石刻刻不容缓！南朝石刻文物是体现宁文化区别于其他历史文化名城独特性的重要文化瑰宝，建议市政府出专款建立南朝石刻文物博物馆（或将白马公园设置为南朝石刻文物公园，集中保护。每年出专项资金用于南朝石刻文物的保护研究。同时期待社会各界能够关注南朝石刻文物的保护。

作为历史的见证，为了能够让后人更好地了解我国五千年文明历史，特别是像石刻一样的文物，作为一个时代的见证，反映出了当时的一些民俗文化和艺术特点，应该将其集中设专馆进行保护，因为社会风气比较差，自然环境恶劣，应该进行保护，否则后人将只能看到一些近现代的东西，无法更好地了解我国历史，发扬民族文化和民族精神。

大专学生

我觉得这些文物应该建设专馆，集中保护。因为在某些图片中，有些南朝石刻竟然"放"在了"农田"里！很多南朝石刻都布满纹路，有的文物"身"上还用油漆写过字！如果再不把这些国宝集中到"专馆"里，那就晚了！到那时的文物肯定是"惨不忍睹"！我真诚地希望把这些文物"放"到一个博物馆里。希望能采纳我的建议。

胡雯迪　学生

建专馆，造就南京的罗浮宫，再造千年历史的宏伟，一定会很受欢迎，原址存放复制品，真品集中保存修缮，供子孙后代永远敬仰。

侯村失名墓石刻周围环境　摄于2005年

梁萧正立墓石狮周围环境　摄于2005年

宋墅失名墓石柱周围环境　摄于2005年

徐家村失名墓石柱周围环境

环氧树脂修补在梁萧秀墓石柱上留下的痕迹

孙岭　大专　文教宣传干部

老祖宗留给我们太多的东西，但我们没有保护好，一是穷，二是思想不重视。现今有条件，应该集中保护起来，这也符合现代人参观了解。

唐国新　大专　企业员工

只对那些迁移有困难的石刻原址加以保护，作为学这个专业的学生，看了这个展览真的有点心痛，这些东西如不加以保护，失去了就永远也看不到了。这是历史的见证，也是我们研究历史的依据啊！迁移石刻虽会破坏与陵墓的一体化，但不得不如此，就如一些专家说的可在原址置仿制品作为标志。看到一些外国对文物保护得那么好，真想多少年之后我们的南朝石刻也是如此！

吕玲　本科学生

我的对策：南朝石刻的易地集中保护并不是将这些石刻集中放置于博物馆的陈列室中，而是要选择一片与六朝时期陵墓景观环境相近相似的土地，作为整个六朝陵墓石刻园区。每一座帝王和贵族陵墓石刻按照六朝陵墓特定的形制进行布局，并对园区周边的环境进行控制。在园区内可组建展馆，使石刻的艺术性、文化内涵得以更好地展示，并通过与世界石刻艺术的比较让观众更充分地了解南朝石刻艺术的特点。使陵墓石刻一方面能得到最有效、科学的保护，另一方面又可通过科学展示得到最大社会效益。另外在每座石刻的原址可以放置1：1的复制品，以满足人们对原址保护的要求，也可以起到控制保护原址周边环境的作用。博物馆无论是作为知识的殿堂、民众沟通的场所或是社会文化的论坛，都将与社会脉动息息相关，肩负着社会使命。随着目前社会快速地变化，博物馆也必须进行自我的调整与改变 。

本着这样的宗旨，易地建馆、集中保护是目前形势下的最佳选择。作为一名文物工作者，我更清楚原地保护的价值，但几十年反反复复的结果证明：原地保护只是我们善良的愿望，南朝石刻的破坏几乎是不以人的意志为转移的。与其坐等一个客观上根本不可能实施的原地保护规划的出台，纸上谈兵，贻误时机，不如退而行之，实施可以逆向还原操作的易地保护计划。悲剧总是以崇高的美的毁灭为结局，但愿历经千年沧桑的人类共同的文化遗产——六朝陵墓石刻逃脱悲剧命运，有一个大团圆的结局。

被风化的齐武帝景安陵西侧麒麟

被风化的金王陈失名陵东侧麒麟

附：南京艺术学院林树中教授关于南朝石刻集中保护的具体意见

徐院长：

一、我在过去的研究工作中，有对集中保护六朝石刻的担忧，认为战争等原因可能使石刻集中保护有难以避免的弊端，第二次世界大战时德国柏林文物的被炸毁即是特例，以前曾提出尽量不要集中保护的说法的确是事实，分散保存和集中保护，各有利弊。但在看过南京博物院的调查报告后，面对六朝石刻的现状如此触目惊心，内心极为震动，虽然我的博士生在实地调查后曾同我谈过六朝石刻的现状，内心尚没有太大的触动，但这次感触则非常深刻，六朝石刻确实需要集中保护起来。由于大气污染、社会建设等已经破坏了六朝石刻的原生状态，集中保护是一种无奈但也是目前最为适宜的保存方法，希望徐院长能痛下决心，考衡各种利弊后，将六朝石刻保护工作做好。现在的科学技术手段可以制作出逼真的复制品，在原石刻移走后放置复制品也是六朝石刻保护的必备环节之一，不可缺少。当然，有关战争破坏，也不是不可避免，在著名的三大战役京津战役中，毛主席和中共中央曾请梁思成制订北京地区有关文物分布的地形图，以免在战争中遭到毁灭性破坏，由于北京和平解放，避免了这一重大损失，这是战争中对文物保护的成功先例。

二、六朝石刻的调查研究工作，共有三次：第一次是我国第一位赴海外留学美术史获得博士学位回国的滕固教授进行的，他当时常住南京，做过六朝陵墓的调查工作。第二次则是建国后南京博物院曾院长进行的六朝石刻系统的调查研究和就地保护工作。第三次则是最近徐院长率领南博有关专家所进行的工作。这次调查保护工作的实行，不同于过去的两次，目前六朝石刻所面临的现状，更加令人堪忧，确实到了必须解决保护问题的时候了，不容再往后推托，亦希望引起政府和社会的高度重视。

三、地上的六朝石刻需要保护，地下的帝陵和其他级别的陵墓也需要保护。南京地区的建筑、建设征地日益繁多，有关六朝石刻所在地的地下文物的发掘、保护也不应忽视，这是一个整体问题。在过去的20世纪的100件重大考古发现中，江苏帝陵的发掘有3处被列入：徐州地区的汉王陵、陈宣帝陵（西善桥竹林七贤墓）、南唐二陵，这些情况徐院长很熟悉，不必多说。在注意六朝石刻的保护时，不要忽视地下文物的考古发掘和保护工作，这是一个系统的工程，在思路上确实要有整体观念，建设征地不

梁萧宏墓石刻周围环境　摄于 2006 年

仅对地面文物有影响，对地下的文物何尝没有影响呢，这都要认真地考虑和调查，需要进行考古发掘的，就要进行考古发掘，进行科学保护，不要等到被破坏了，再去挽救。至于考古方面的事情，南京博物院专家众多，可以征求他们的意见。

四、100 多年来，流散海外的六朝石刻、六朝文物，亦是令人头疼和伤心的事情，散佚海外的六朝石刻也要引起注意，争取能尽可能回归南京。我在编撰《海外藏中国历代雕塑》过程中，曾赴法国、德国进行学术考察，在欧洲见到南朝石刻被收藏在博物馆中，以前认为是六朝石刻，但我个人认为当为汉代石刻，不是六朝石刻。但从兹也可以看出，散佚海外公私收藏机构的六朝石刻肯定不少，如果都能集中保护起来，那当然是再好不过的事情了。

以上情况，仅供您参考。

林树中

2005 年 3 月 11 日

林树中（1926—），浙江平阳人。1953 年毕业于中央美术学院华东分院，现任南京艺术学院教授、博士生导师，长期从事中国美术史的研究，专攻南朝艺术史，出版著作有《南朝陵墓雕刻》、《中国美术全集·魏晋南北朝雕塑》、《六朝艺术》等。

南朝陵墓神道雕刻研究文献索引

一、论著

梁代陵墓考	(法)张璜著　李卓译	上海土山湾书局	1930 年
六朝陵墓调查报告	朱希祖　滕固	中央古物保管委员会	1935 年
建康兰陵六朝陵墓图考	朱偰	商务印书馆	1936 年
金陵古迹图考	朱偰	商务印书馆	1936 年
金陵古迹名胜影集	朱偰	商务印书馆	1936 年
南京的名胜古迹	朱偰	江苏人民出版社	1955 年
南京的六朝遗址	朱偰	南京博物院铅印本	
南朝陵墓石刻	姚迁　古兵	文物出版社	1981 年
六朝艺术	姚迁　古兵	文物出版社	1981 年
南朝陵墓雕刻	林树中	人民美术出版社	1983 年
六朝考古	罗宗真	南京大学出版社	1994 年
南京六朝墓葬的发现与研究	李蔚然	四川大学出版社	1998 年
金陵胜迹大全	季士家　韩品峥主编	南京出版社	1993 年
南京的六朝石刻	梁白泉主编	南京出版社	1998 年
六朝都城	卢海鸣	南京出版社	2002 年
六朝美术	林树中	南京出版社	2002 年
六朝建康	郭黎安	香港天马图书有限公司	2002 年
六朝帝陵——以石兽和砖画为中心	曾布川宽著　傅江译	南京出版社	2004 年

二、论文或文章

金陵六朝陵墓巡视记	罗香林	《广州学报》第 1 卷第 2 期，1937 年
南朝梁萧秀墓		《中国博物馆协会学报》1935 年 9 月
江苏省文管会调查南京附近六朝陵墓石刻	蔡述传	《文物参考资料》1955 年第 4 期
丹阳六朝陵墓的石刻	朱偰	《文物参考资料》1956 年第 3 期
梁代萧憺墓辟邪下发现小辟邪	方永济　金琦	《文物参考资料》1956 年第 6 期
江苏省文管会对萧憺墓碑进行保养		《文物参考资料》1956 年第 6 期
六朝陵墓石刻的新发现	朱偰	《人民日报》1957 年 3 月 6 日

修复南京六朝陵墓古迹中重要的发现	朱偰	《文物参考资料》1957 年第 3 期
南京附近六朝陵墓石刻整修纪要	金琦	《文物》1959 年第 4 期
南朝陵墓的石兽与石刻	蔡述传	《新华日报》1962 年 10 月 19 日
南京市栖霞山甘家巷六朝墓群	南京博物院　南京市文物保管委员会	《考古》1976 年第 5 期
六朝陵墓及其石刻	罗宗真	《南京博物院集刊》第 1 辑，1979 年
六朝陵墓石刻与外来雕刻艺术的影响	邹振环	《复旦学报》（社会科学版）1980 年第 5 期
六朝陵墓石刻艺术渊源初探	管玉春	《江苏省哲学社会科学联合会1980年年会论文选》（考古学分册），1980 年
南京郊区南朝石刻的保护试验	王勉	《文博通讯》第 34 期，1980 年
南朝陵墓石刻研究	林树中	《新美术》1981 年第 1 期
萧绩墓石刻	陈世华	《文博通讯》1981 年第 2 期
试论南京六朝陵墓石刻艺术	管玉春	《文物》1981 年第 8 期
试谈麒麟及其艺术形象	王玉池	《美术史论丛刊》第 2 辑，1982 年
六朝石刻之我见	金琦	《文博通讯》1984 年第 2、3 期
稀有的南朝神道石柱	江建　无为	《南京史志》1984 年第 2 期
南朝名牌——萧憺碑	武酉山	《南京史志》1984 年第 5 期
南朝宋文帝陵和陈文帝陵考	罗宗真	《南京博物院集刊》第 7 辑，1984 年
南京太平村出土南朝石辟邪	阿吉	《东南文化》第 1 辑，江苏古籍出版社，1985 年
东汉南朝陵墓前石兽造型初探	刘凤君	《考古与文物》1986 年第 3 期
丹阳齐梁帝陵踏访记	徐作生	《南京史志》1986 年第 5 期
南齐帝陵考	（日）町田章著　劳继译	《东南文化》第 2 辑，江苏古籍出版社，1986 年
齐梁二代石刻和雕塑的评价	朱偰	《东南文化》第 2 辑，江苏古籍出版社，1986 年
东汉魏晋陵墓神道石刻的造型艺术	刘凤君	《美术研究》1987 年第 3 期
东晋帝陵有无石刻考	李蔚然	《东南文化》1987 年第 3 期
南朝陵墓前石刻华表渊源初探	王恺	《东南文化》1987 年第 3 期
丹阳南朝陵墓	颜斌	《华中建筑》1989 年第 1 期
南朝梁始兴忠武王碑修复记	任庆	《南京史志》1991 年第 1 期
南朝陵墓石柱的来历	何汉南	《文博》1992 年第 1 期
访丹阳南朝陵墓石刻	杨泓	《文物天地》1992 年第 4 期
丹阳南朝陵墓石刻	杨再年	《东南文化》1992 年第 6 期
萧憺碑研究	陆永良	《东南文化》1992 年第 6 期

南朝陵墓石刻艺术	顾砚耕	《美术》1993 年第 10 期
六朝艺术瑰宝——丹阳南朝陵墓石刻	杨再年	载江苏省六朝史研究会编《六朝史论集》， 黄山书社，1993 年
陵墓有翼神道石刻的发展及其艺术源流	龚良	《华夏考古》1994 年第 1 期
南朝至唐末陵前石狮的分期与艺术风格	安都	载《一剑集》，中国妇女出版社，1996 年
亦神亦仙优美飘逸雄浑大气——谈南朝陵墓雕刻的艺术特色	张耀	《西北美术》1997 年第 2 期
南京六朝陵墓石刻探微	石村	《雕塑》1997 年第 3 期
梁朝萧宏及其陵墓石刻	王志高　贾维勇	《南京史志》1998 年第 2 期
壮伟恢宏的六朝石刻	曹者祉	《美术之友》1998 年第 2 期
南京地区三处鲜为人知的南朝陵墓石刻	卢海鸣	《南京史志》1998 年第 3 期
江苏境内的南朝墓神道石刻	卢海鸣	《江苏地方志》1999 年第 1 期
南京南郊又发现一处南朝陵墓神道石刻	章湾　马涛	《紫金岁月》1999 年第 3 期
江苏境内南朝陵墓神道石刻	卢海鸣	《龙城春秋》1999 年第 3 期
南朝帝王陵寝初探	王志高	《南方文物》1999 年第 4 期
南朝帝王陵寝初探	王志高	《南方文物》1999 年第 4 期
试探南朝陵墓神道石刻的运输方式	王志高　张金喜	《江苏地方志》1999 年第 4 期
论六朝石刻的艺术成就	卢海鸣	《南京晓庄学院学报》2000 年第 2 期
南朝帝陵石兽有麒麟吗	刘宗意	《江苏地方志》2000 年第 5 期
六朝石刻艺术四论	陈锽	《东南文化》2000 年第 5 期
六朝石刻艺术略论	陈锽	《新美术》2001 年第 1 期
六朝陵墓石刻的保护与利用	杨再年	《镇江高专学报》2001 年第 3 期
记参观丹阳南朝陵墓石雕	林其锬	《社会科学报》 2001 年 3 月 22 日
南朝帝陵石刻	莒子	《华人时刊》2001 年第 5 期
砖石精神——南朝陵墓石雕和陶塑艺术	张道一	《东南大学学报（哲学社会科学版）》 2002 年第 3 期
南朝梁萧宏墓碑考	施安昌	载《善本碑帖论集》，紫禁城出版社，2002 年
萧憺碑研究三题	孙洵	载《第五届中国书法史论国际研讨会论文集》， 文物出版社，2002 年
南朝陵墓石兽造型艺术浅析	李向宇	《文艺评论》2003 年第 5 期
南京地区六朝石刻保护现状的调查与分析	杨溯　卞坚	《东南文化》2004 年第 2 期
南朝陵墓石刻"生存危机"专家建议"搬家"集中保存	叶雷　杨新华	《中国文物报》2004 年 10 月 22 日

六朝石刻	赵洪军	《中国文化报》2004 年 12 月 31 日
《六朝帝陵——以石兽和砖画为中心》	江洁	《考古与文物》2005 年第 1 期
曾布川宽著《六朝帝陵——以石兽和砖画为中心》	卢海鸣	《学海》2005 年第 2 期
南京方旗庙南朝陵墓墓主考	王志高　沈宏敏	《江苏地方志》2005 年第 3 期
南京方旗庙南朝陵墓石刻墓主为梁元帝萧绎	王志高　周维林	《中国文物报》2005 年 4 月 1 日
南朝陵墓雕刻造型风格研究	沈珂	南京艺术学院美术学博士论文，2005 年
"六朝石刻"保护方案亟待决断	高学军　张旭	《江南时报》2005 年 9 月 6 日
梁昭明太子墓考	王志高	《东南文化》2006 年第 4 期
南朝陵墓神道石刻渊源研究	杨晓春	《考古》2006 年第 8 期

三、相关文献

中国古代陵寝制度史研究	杨宽	上海古籍出版社，1985 年
中国古代建筑史	刘敦桢主编	中国建筑工业出版社，1980 年
探索历史的真相——江苏地区考古、历史研究文集	罗宗真	江苏古籍出版社，2002 年
长江中下游历史考古论文集	蒋赞初	科学出版社，2000 年
南京尧化门南朝梁墓发掘简报	南京博物院（霍华执笔）	《文物》1981 年第 2 期
南京梁桂阳王萧融夫妇合葬墓	阮国林	《文物》1981 年第 12 期
梁朝桂阳王萧象墓	南京博物院（陆建方执笔）	《文物》1990 年第 8 期
江苏南京市白龙山南朝墓	南京市博物馆、栖霞区文化局	《考古》1998 年第 12 期
六朝审美观与陵墓形态	毛颖	《东南文化》1998 年增刊 2
江苏丹阳胡桥南朝大墓及砖刻壁画	南京博物院（罗宗真执笔）	《文物》1974 年第 2 期
江苏丹阳胡桥建山两座南朝墓葬	南京博物院（尤振尧执笔）	《文物》1980 年第 2 期
南朝石刻文字概述	汪庆正	《文物》1985 年第 3 期
梁代《擎花比丘图》与张僧繇画风	阮荣春	《考古与文物》1988 年第 4 期
武进县六朝墓发现石镇墓兽枣辟邪	李鉴昭	《文物参考资料》1957 年第 12 期
论南京地区六朝墓的葬地选择和排葬方法	李蔚然	《考古》1983 年第 4 期
南京梁南平王萧伟墓阙发掘简报	南京市文物研究所、栖霞区文化局（贺云翱等执笔）	《文物》2002 年第 7 期
南京梁萧伟墓阙复原研究	朱光亚　贺云翱	《文物》2003 年第 5 期
南京市文物保管委员会第一、二次野外调查报告	曾昭燏	载《曾昭燏文集》，文物出版社，1999 年

南朝历代年号表

年 号	朝代	帝名	庙号	年代
宋 （420～479）	刘裕	武帝	420～422	永初
	刘义符	少帝	423	景平
	刘义隆	文帝	424～453	元嘉
	刘骏	孝武帝	454～464	孝建、大明
	刘子业	前废帝	465	永光、景和
	刘彧	明帝	465～472	泰始、泰豫
	刘昱	后废帝	473～477	元徽
	刘准	顺帝	477～479	升明
齐 （479～502）	萧道成	高帝	479～482	建元
	萧赜	武帝	483～493	永明
	萧鸾	明帝	494～498	建武、永泰
	萧宝卷	东昏侯	499～501	永元
	萧宝融	和帝	501～502	中兴

	萧衍	武帝	502~549	天监、普通、大通、中大通、大同、中大同、太清
梁	萧纲	简文帝	550~551	大宝
	萧绎	元帝	552~554	承圣
（502~557）	萧方智	敬帝	555~557	绍泰、太平
	陈霸先	武帝	557~559	永定
陈	陈蒨	文帝	560~566	天嘉、天康
	陈伯宗	废帝	567~568	光大
（557~589）	陈顼	宣帝	569~582	太建
	陈叔宝	后主	583~589	至德、祯明

后 记

经过两年多的准备，《南朝陵墓雕刻艺术》终于完成了。览读我们拍摄的图片，再回头看看前人拍摄的图片资料，感慨良多。当我们享受经济发展带来的福泽时，是不是也有必要做一个反思？

为了编辑图典，我们前后有两个阶段的拍摄过程，第一阶段在2004年末至2005年初，第二阶段在2006年3月至8月间。然而，时间仅仅隔了一年，这些雕刻周围的环境又发生了许多变化。为了便于出行，在两阶段的拍摄过程中，我们邀请了南京市文物局的王引先生作为向导。当年，王老先生多次参加了南京地区的南朝陵墓神道雕刻的保护工作。即便如此，作为长年与这些历经千余年风雨的宝贝打交道的老文物工作者，由于环境的变化，他一路上也时常感叹"已经不认识路了、不知道她们现在变得什么样子"。

3月22日上午，我们又去了萧宏墓石刻。一年前，我们也到过这里，那时还能亲手抚摸这些石刻，现在却已是泽国一片，附近还有三两人在休闲地垂钓。人已无法靠近，只能远远地拍摄。不远处工地塔吊林立，身旁公路正在铺设，望着其间这些伫立在水中的石刻，心中感慨，难以言表。

下午，驱车前往江宁，一路上原本青葱的山丘与农田都已变成了崭新的厂房、或是待建的工地，远近的乡间人家也早已拆迁。过去熟悉的路途，如今只能凭着大体的方向，一路边问边行。萧正立墓，原址在江宁区刘家边，而今，"刘家边"这地名已荡然无存，变成了一所新建的学校。萧正立墓石刻蜷缩在校园偏角的一个烂泥塘里！翻阅过去出版的书籍，看到五、六年之前的石刻图片，周围一片农田，附近的农妇还在地头劳作。

……

短短的几年，时过境迁，一切变化太大、太快。很可能再过几年，连过去的名址也会被人遗忘。所以，在本图典中，我们对原有的地名都做了重新说明，以方便后来者。同时，我们编排了前人拍摄的部分照片，以对比现在的图像资料，其苦衷，不言而喻。

若干年后，我们此番调查拍摄的图像资料也会变成历史遗存。即便如此，我们还是有理由相信，过几年，一切会恢复昔日的美丽，这些历经千年的石刻还会重放绚丽的光彩。

书已杀青，我们由衷地向在调查及本图典编辑过程中提供帮助的南京市文物局王引先生、南京市博物馆邵磊先生、南京市栖霞区文管会管秋惠先生以及镇江市文化局、丹阳市文化局的同仁们表示感谢。需要说明的是，我们的调查也得到了《新华日报》王宏伟、《扬子晚报》陈金山、《南京晨报》韩红林、《现代快报》胡玉梅和《东方早报》龚菲等新闻媒体朋友的支持，在此一并致谢。

2006年9月于南京博物院